理性情绪

How to Stubbornly Refuse to Make Yourself Miserable About Anything
Yes, Anything

［美］ 阿尔伯特·埃利斯 著
（Albert Ellis）

李巍 张丽 译

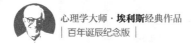

心理学大师·**埃利斯**经典作品
│百年诞辰纪念版│

机械工业出版社
China Machine Press

图书在版编目（CIP）数据

理性情绪 /（美）埃利斯（Ellis, A.）著；李巍，张丽译. —北京：机械工业出版社，
2014.7（2024.8 重印）
（心理学大师·埃利斯经典作品）
书名原文：How to Stubbornly Refuse to Make Yourself Miserable About
　　　　　Anything: Yes, Anything

ISBN 978-7-111-47501-9

I. 理… II. ① 埃… ② 李… ③ 张… III. 理性－通俗读物 IV. B017-49

中国版本图书馆 CIP 数据核字（2014）第 170037 号

北京市版权局著作权合同登记　图字：01-2013-6576 号。

理性情绪
[美] 阿尔伯特·埃利斯（Albert Ellis）著

出版发行：机械工业出版社（北京市西城区百万庄大街 22 号　邮政编码：100037）
责任编辑：张　昕　　　　　　　　　　　　责任校对：董纪丽
印　　刷：北京机工印刷厂有限公司　　　　版　　次：2024 年 8 月第 1 版第 20 次印刷
开　　本：170mm×242mm　1/16　　　　　印　　张：12.75
书　　号：ISBN 978-7-111-47501-9　　　　定　　价：59.00 元

客服电话：(010) 88361066　68326294

对话大师

李孟潮专访埃利斯

　　心理治疗流派层出不穷，但实际上真正受到承认的只有屈指可数的几种，这几种重要流派的开山宗师堪称凤毛麟角，阿尔伯特·埃利斯（Albert Ellis）就是其中一位。

　　全世界学习心理治疗的人都会在教科书里找到这个名字，都知道他是理性情绪行为疗法（Rational Emotive Behavior Therapy，REBT）的创始人。如果你不知道的话，要当心自己的学业前途了。笔者曾有幸在埃利斯 89 岁那年采访到这位世界心理学巨匠，谈话内容在此分享给诸位读者。

李孟潮：您写过这么多书，年近九旬仍每周工作 80 小时以上，保持如此神奇精力的秘诀是什么？

埃利斯：我在 89 岁依然能有很多精力努力工作，第一个秘诀是遗传——我的母亲、父亲和哥哥都是精力充沛的人！第二个秘诀是，我对自己实行理性情绪行为疗法（以下皆依埃利斯原话简称为 REBT），所以我坚决反对任何人扰乱我在做的任何事情，我也反对去扰乱别人的事情或这个世界上正在发生的任何事情。

李孟潮：想不到理性情绪行为疗法还能让人精力充沛。您的业余时间都做些什么呢？

埃利斯： 实际上我几乎没有什么业余时间，当我有一点空闲时，我很喜欢听音乐和读书。

李孟潮： 请问您结婚了没有？您的家庭是什么样的？

埃利斯： 我结过两次婚，还和一位女士同居了 36 年，但现在我又是单身了。我很喜欢单身的生活。我没有孩子，但我和兄弟姐妹、父亲母亲相处得很融洽。

李孟潮： 看来在您 40 岁前遇到过不少挫折。也换过不少职业，至少有作家、商人、心理咨询师这三个职业吧？现在回首往事，您认为这样的经历对您有什么意义吗？

埃利斯： 我这一生中曾经至少转换过三个职业，这个事情仅仅意味着，在一段时间内，我会全神贯注于一项事业，然后出于各种原因我会改变，并且同样全神贯注于下一项事业。

李孟潮： 您经历过很多刺激事件，您怎样处理这些事件呢？

埃利斯： 我是这样处理我生活中的刺激事件的——并不要求这些刺激事件不要有刺激性，也不为这些事情感到焦虑或忧郁，因此我在处理这些事情时就能做到最好。

李孟潮： 能用一句话介绍一下理性情绪行为疗法吗？

埃利斯： REBT 还真不能用一句话来概括，但如果我来试试的话，我会这么说，REBT 是这样一种理论，它认为人们并非被不利的事情搞得心烦意乱，而是被他们对这些事件的看法和观念搞得心烦意乱的，人们带着这些想法，或者产生健康的负性情绪，如悲哀、遗憾、迷惑和烦闷，或者产生不健康的负性情绪，如抑郁、暴怒、焦虑和自憎。

当人们按理性去思维、去行动时，他们就会是愉快的、行有成效的人。人的情绪伴随思维产生，情绪上的困扰是非理性的思维所造成的。理性的信念会引起人们对事物适当、适度的情绪反应；而非理性的信念则会导致不适当的情绪和行为反应。当人们坚持某些非理性的信念，长期处于不良的情绪状态之中时，最终将会导致情绪障碍的产生。

非理性信念的特征有：①绝对化的要求。比如"我必须获得成功""别人必须很好地对待我""生活应该是很容易的"，等等。②过分概括化。即以某一件事或某几件事的结果来评价整个人。过分概括化就好像以一本书的封面来判定一本书的好坏一样。一个人的价值是不能以他是否聪明，是否取得了成就等来评价的，人的价值就在于他具有人性。他因此主张不要去评价整体的人，而应代之以评价人的行为、行动和表现，每一个人都应接受自己和他人是有可能犯错误的人类一员（无条件地自我接纳和接纳别人）。③糟糕至极。这是一种认为如果一件不好的事发生将是非常可怕、非常糟糕、是一场灾难的想法。非常不好的事情确实有可能发生，尽管有很多原因使我们希望不要发生这种事情，但没有任何理由说这些事情绝对不该发生。我们将努力去接受现实，在可能的情况下去改变这种状况，在不可能时学会在这种状况下生活下去。

理性情绪行为治疗的方法简单来说，就是让来访者意识到自己的非理性的思维模式，并与之辩论，从而达到"无条件的自我接纳"。

大部分心理治疗的流派会比较倾向于使用或认知、或行为、或情绪的方法，但是理性情绪行为疗法是一种比较独特的流派，它三种方法都使用，并清楚地认识到认知、行为、情绪是相互作用的。所以，我们以一种情绪和行为的模式使用认知技术，我们以一种认知和行为的模式使用情绪技术，我们以一种认知和情绪的模式使用行为技术。

李孟潮：哪一类的咨询者可以寻求 REBT 治疗师的帮助？

埃利斯：几乎每个人都可以，只要愿意持续地、充满情感地、坚强地去探索自己是如何使自己烦恼的，并愿意努力摆脱让自己烦恼的方式，REBT 的治疗师都可以帮助他。

李孟潮：您在创立理性情绪行为疗法的时候一定面临了很大的压力，以当时的眼光来看，那是对弗洛伊德的背叛。直到前不久，您还说过根据您的标准来看，弗洛伊德还不够性感。能告诉我们这句话是什么意思吗？

埃利斯：我说弗洛伊德不够性感的意思是指，他把性行为的很多种形式都看作变态或异常的。一个真正的性心理治疗师会认为，只有极少数的性行为是不好的或不道德的，虽然在有些社会环境会坚持认为这些行为是异常的。

李孟潮：目前中国的心理治疗事业刚刚起步，如果中国的心理咨询师想要学习 REBT，应该怎么办呢？需要什么样的条件和过程才能成为理性情绪行为治疗师呢？

埃利斯：成为 REBT 治疗师的条件和过程是，多读一些我写的书，听我的磁带和录像带。当然，最好就是直接参加我们的培训，我们每年都会在全世界举办很多次培训。

李孟潮：当前中国的心理治疗师面临的一个问题就是经济的问题。有些咨询者和部分治疗师认为，心理治疗应该是和商业活动无关的。也有的治疗师认为，心理治疗中蕴含着无穷的商机。您看起来是一个很特殊的治疗师，既具有很大的名声，又具有很多通过 REBT 赚钱的途径。您对赚钱和无私地帮助别人之间的冲突是怎么看的？

埃利斯：实际上我并没有通过 REBT 赚到什么钱，因为我所做的一切都是为了阿尔伯特·埃利斯研究所，这是一个非营利机构。我的书的版税和其他的收入都直接归到研究所，而不是我个人。对钱的强烈欲望时常让人们做更多自私的事，也阻止人们做到 REBT 所说的"无条件地接纳别人"，可我不是这样的。

李孟潮： 对今天的中国您有什么想要了解的？

埃利斯： 我对今天的中国了解很少，如果有时间的话，我想更多地了解中国。

李孟潮： 作为 89 岁的老人，回首人生，您认为在生命中什么是最重要的？

埃利斯： 我生命中最重要的事就是对自己使用美国式的 REBT 并总是接纳我自己，虽然我也尝试着改变我做的很多事情。

李孟潮： 一个大问题，也可能是一个愚蠢的问题，您对生活的态度是什么？

埃利斯： 我对生活的态度是，我们不是被邀请到这个世界上来的，生活本身并没有意义，而是我们给了它意义。我们赋予生活意义的方法是，决定什么是我们喜欢的，什么是我们不喜欢的，什么是我们特殊的目标和目的，从而为我们自己选择了意义。

李孟潮： 我的采访就快结束了，您想对中国的青年说些什么？

埃利斯： 我想对中国青年说的是，他们很年轻，如果这个世界有不幸的事情发生——这是屡见不鲜的，他们有足够的时间，建设性地使用 REBT 或其他类似的思考方式来努力不让自己烦恼。

阿尔伯特·埃利斯简介

阿尔伯特·埃利斯（Albert Ellis，1913—2007），超越弗洛伊德的著名心理学家，理性情绪行为疗法之父，认知行为疗法的鼻祖。在美国和加拿大，他被公认为十大最具影响力的应用心理学家第二名（卡尔·罗杰斯第一，弗洛伊德第三）。

埃利斯创立了对咨询和治疗领域影响极大的理性情绪行为疗法（Rational Emotive Behavior Therapy，REBT），为现代认知行为疗法的发展奠定了基础。该疗法适用范围广、实用性强、见效快，为中国心理咨询师最常用的方法，是中国心理咨询师国家资格考试必考的疗法之一。

埃利斯自哥伦比亚大学获得临床心理学博士学位，投身心理治疗工作60余年，治愈了15 000多名饱受各种情绪困扰的人，并在纽约创立阿尔伯特·埃利斯理性情绪行为疗法学院。

埃利斯是精力充沛而多产的人，也是心理咨询与治疗领域内著作最丰富的作者之一。多个核心心理咨询期刊都曾刊登过埃利斯的文章，他的文章刊登次数堪称心理咨询领域之最。他一生出版了70多本书，其中有许多都成为长年畅销的经典，有几本著作销售量高达几百万册。

2003年，当他90岁生日的那天，他收到了多位公众知名人物的贺电，其中包括美国前总统乔治·布什、比尔·克林顿，前国务卿希拉里·克林顿。

在 2007 年的《今日心理学》杂志上，他被誉为"活着的最伟大的心理学家"。

他是史上最长寿的心理学家，2007 年安然辞世，享年 93 岁，被美国媒体尊称为"心理学巨匠"。

生平

1913 年 9 月 27 日，阿尔伯特·埃利斯出生在美国匹兹堡的一个犹太人家庭，是 3 个孩子中的长子。

4 岁时，埃利斯全家移居纽约市。

5 岁时，埃利斯因肾炎住院，因此不能再从事他所热爱的体育运动，从而开始热爱读书。

12 岁时，埃利斯父母离婚了。他的父亲长年在外经商，对自己少有关爱，母亲同样感情冷漠，喜欢说话，却从不倾听，父母关系向来很差。曲折的经历让他对人的心理活动充满兴趣，小学时就已经是个很能解决麻烦的人了。

进入中学以后，埃利斯的目标是成为美国伟大的小说家。为了这个目标，他打算大学毕业后做一名会计师，30 岁之前退休，然后开始没有经济压力地写作，因此他进入了纽约市立大学商学院。经济大萧条来了，击碎了他的梦想。他仍然坚持读完大学，获得了学位。

大学毕业后，埃利斯开始做生意，生意不好不坏。这时埃利斯对文学还是痴心不改，他把大多数时间都用来写纯文学作品。

28 岁时，他已写了一大堆作品，可都没有发表。这时他意识到自己的未来不能靠写小说生活，于是开始专门写一些非文学类的杂文，并加入了当时的"性－家庭革命"。这时他发现很多朋友都把他当作这方面的专家，并向他寻求帮助。此时，埃利斯才发觉原来他像喜欢文学一样喜欢心理咨询。

1942年，埃利斯开始攻读哥伦比亚大学临床心理学硕士学位，主要接受精神分析学派的训练。

1943年6月，埃利斯获得哥伦比亚大学临床心理学硕士学位。

1947年，埃利斯获得临床心理学博士学位。如同当时大部分心理学家，这时候的埃利斯是个坚定的精神分析信徒，下决心要成为著名的精神分析师。

20世纪40年代后期，埃利斯已经在当地的精神分析界小有名气，他在哥伦比亚大学做教授，还先后在纽约市以及新泽西州的几所机构内身居要职。可就在此时，埃利斯开始对自己钟爱的精神分析事业产生了怀疑。

1953年1月，埃利斯彻底与精神分析分道扬镳，开始将自己称为理性临床医生，提倡一种更积极的新的心理疗法。

1955年，他将自己的新方法命名为理性疗法（Rational Therapy，RT）。这种疗法要求临床医生帮助咨询者理解，自己的个人哲学（包括信仰）导致了自己的情感痛苦。例如"我必须完美"或"我必须被每个人所爱"。

1961年，该疗法改名为理性情绪疗法（Rational Emotive Therapy，RET）。

1993年，埃利斯又将该疗法更改为理性情绪行为疗法（Rational Emotive Behavior Therapy，REBT）。因为他认为理性情绪疗法会误导人们以为此疗法不重视行为概念，其实埃利斯初创此疗法时就强调认知、行为、情绪的关联性，而且治疗的过程和所使用的技术都包含认知、行为和情绪三方面。

2004年，埃利斯罹患严重的肠炎。

2007年7月24日，埃利斯自然死亡，享年93岁。

前言

21世纪的理性情绪行为疗法

本书的第1版写于1987年，那时理性情绪行为疗法作为一个诞生42年的心理疗法正在蓬勃发展。不过当时大家都觉得本书的（英文）名字太长了，可能会影响销量。但是，本书和《理性生活指南》（*A New Guide to Rational Living*）是我所著图书中销量最好的两本。

过去的日子里，事物都在日新月异地发展变化着，理性情绪行为疗法自1987年起也发生了很多变化。第一，它的名称发生了改变，它由1993年的理性情绪疗法（RET）更名为现在的理性情绪行为疗法（REBT）。第二，现在的理性情绪行为疗法已经越来越多元化。它更加强调想法、情感和行为三者之间的关系。因此，可以说它比以往更加认知—情感—行为化了。

另外，理性情绪行为疗法比以往更加注重哲学观。与大多数认知行为疗法不同，理性情绪行为疗法强调三大基本哲学观。我近期出版的书都非常注重这三大基本哲学观，尤其是《克服不合理信念、情感和行为》（*Overcoming Destructive Beliefs, Feelings, and Behaviors*）、《控制愤怒》《控制焦虑》、《理性情绪行为疗法：一种行之有效的治疗方法》（*Rational Emotive Behavioral Therapy: It Works for Me, It Can Work for You*）、《如何打造耐力：理性情绪行为疗法哲学》（*The Road to Tolerance: The Philosophy of Rational Emotive Behavior Therapy*）。这三大基本哲学观是从让你认识到自身扭曲、不合理信念开始，再通过认知—情感—行为三个层面的辩驳，实现建立有效新信念或者合理的应对观念的效果。

理性情绪行为疗法强调的三大基本哲学观如下。

用无条件的自我接纳（unconditional self-acceptance, USA）替代有条件的自尊（conditional self-esteem, CSE）。用自己的主要生活目标以及是否能助你达成目标来评价、判断自己的信念、情感和行为。如果能达成目标，你则认为它是"好的"或"有用的"；反之，你则认为它是"不够好的"或"没用的"。但是，谨记不要让这些影响了对自我的评价，无论你的表现好或不好，无论别人是否认同你和你的所作所为，你都需要接纳并尊重自我、自己的人生和作为人存在的价值。

无条件地接纳他人（unconditional other-acceptance, UOA）。用自己以及社会公认的标准评价他人的信念、情感和行为或"好"或"坏"，但是永远不要评价他人本身。接纳并尊重他人本身，不是因为他们身上具有的某些特质或他们的行为，只是因为他人与你一样，都有人的尊严。对所有人都抱有怜悯之心，甚至对所有生物都是如此。

无条件地接纳生活（unconditional live-acceptance, ULA）。用自己以及社会群体的标准评价生活和社会的"好"与"坏"。但是请不要评价生活或境况本身是"好"还是"坏"。正如莱茵霍尔德·尼布尔（Reinhold Niebuhr）所说，尽你所能改变你不喜欢的生活，安然接受你不能改变的，并拥有区别两者的智慧。

理性情绪行为疗法并不认为这三大基本哲学观就能让你变得特别快乐，这也是不可能做到的，因为你和社会群体都有很多自我局限性。你有让自己产生不必要的心烦意乱和让自己的正常需要变成不健康需求的能力（这是天性）；你无法摆脱现实的磨难（例如洪水、飓风和疾病）。但是，如果你能够遵从这三大基本哲学观，那么你的想法—情感—行为方面的问题就可能会减少，当然随之减少的还有因这些问题而带来的困扰。

面对自己、他人以及周围世界出现的问题，我们要怎么办呢？首先，要明确意识到人具有通过绝对化的"应该"、"必须"和"一定要"引发不必要心烦意乱的天性。然后，尽可能地发现自己（和他人）的不合理性。最后，真正地、符合逻辑地、有效地与这些不合理性进行辩论。辩论需要从信念、情感和行为三个层面进行——如何与其进行辩论呢？这些在本书中有详细的介绍。为了能够真正实现"理性情绪"，当你实现了上面所说的建立基本的合理应对观念之后，还需要不懈的努力和坚持！

致谢

感谢所有来访者与工作坊参与者的帮助，本书的案例均来自他们。案例中的人物均采用了化名。

非常感谢埃米特·韦尔滕（Emmett Velten）、肖恩·布劳（Shawn Blau）和凯文·埃弗雷特·菲茨莫里斯（Kevin Everett FitzMaurice），他们阅读了本书的手稿，并给予了极具建设性的意见。

最后，还要感谢蒂姆·罗尼恩（Tim Runion），感谢其卓越地完成了文字处理工作。

目录

第 1 章

为何本书与其他心理自助书籍不同

每一年都有成百上千种心理自助书籍出版，其中很多确实能够帮助读者。既然这样，那我为何还要费心地再写一本呢？况且我与罗伯特 A. 哈珀（Robert A.Harper）合著的《理性生活指南》已经售出了两百多万本；我的另一本书《你的误区》（*Your Erroneous Zones*）也已经有数百万的读者了。在这种情况下，我为何还要再写一本呢？

之所以如此，是有一些重要原因的。尽管我在 1955 年创立了理性情绪行为疗法（REBT），且目前已在心理学领域占有一席之地，尽管大多数现代的治疗师（是的，包括精神分析学家）在他们的治疗计划中会纳入很大一部分 REBT 的内容，但是他们通常是通过简化、不够清晰的方式来使用 REBT 的。

除了我的专作，目前市面上还没有一本直接源于 REBT 的实用书籍。市面上现有的试图阐释 REBT 的图书，不但文字晦涩难懂，而且不是自助书籍的形式。而本书，正是为了填补这个空白。

具体来说，本书有以下的目标——我想，你们不会在其他书籍中看到这些关于获得心理健康和幸福感的目标。

- 当生活中出现问题的时候，它鼓励你可以产生情绪，而且还鼓励你表达出强烈的情绪。但是它会明确地区分出你健康和有益的担心、遗憾、悲伤、挫败或恼怒，以及你不健康、有破坏性的惊恐、抑郁、暴怒和自怨自艾。

- 它能告诉你怎样应对生活中的困境，以及当你身处困境时如何让自己的感觉更好一些。更重要的是，当你没必要地"神经质"或者折磨自己的时候，它可以教给你怎样变好，以及怎样感觉好一些。

- 它不仅教你如何控制情感命运（emotional destiny），而且教给你如何不为任何事而痛苦（是的，任何事），它也详细介绍了怎样利用自身潜力实现自控。

- 它提倡科学思维、理性和现实，并与这些严格保持一致，它还完全避免如今许多自助书籍草率推荐的内容——大量的神秘主义和乌托邦主义。

- 它会帮助你实现巨大的哲学观变化（philosophic change）以及获得对生活的全新视角，而不是让你获得那种过分乐观的"积极思维"态度，这种态度只能帮助你应对暂时的困难，但是长此以往，你会一败涂地。

- 它会教给你许多改变人格的技术，这些技术不是那些仅仅靠逸事或个案历史"证据"支持的技术，它们都是通过科学实验验证的有效技术，即将实验组与控制组对比得出被试分数。

- 它会有效地向你展示，此刻，你仍在为自己制造着情感和行为问题，它不鼓励你浪费无尽的时间和精力来傻傻地试图理解和解释自己过去的经历。它会告诉你，如今的你仍然在毫无必要地杞人忧天，而今天的你可以做什么来防止自己一直杞人忧天。

- 它会鼓励你为自己的"苦恼"全权负责并努力减少苦恼，而不是找借口说这是父母或社会这样教导你的，你只是照他们说的做来逃避自己的责任。

- 这本书以一种简单、容易理解的方式向读者展示了REBT中的ABC（以及其他形式的认知疗法和认知行为疗法），并且向读者展示了生活中的刺激物或者诱发事件（A）并不能决定或者直接引发你的情绪反应（C）。相反，主要是你的信念系统（B）让你心烦意乱，因此你要有抵制（D）这些不正常和不合理的信念（iB）和改变它们的能力。这本书还特地为你呈现了许多对抗与克服不合理信念的方法，从而获得一种关于生活的行之有效的新哲学思想（E）。

- 它不仅告诉你如何保持你目前的需求、愿望、喜好、目标和价值观念，而且告诉你如何放弃华而不实、神一般的要求和命令。这些绝对化、刻板的"应该、理所应当和必须"加强了你的需求和喜好，让你更加烦恼。

- 它告诉你如何保持独立和有主见，如何为自己考虑而不是轻信他人或被他人的想法影响，用别人的想法来束缚自己的思维。

- 它教给你许多实用的、行为导向的练习，这些方法可以用于REBT中反思和改变生活方式的实践和练习。

- 它会为你演示如何在一个如此不理性的世界里保持理性，如何在一些最艰难和"不可能"的情况下保持愉悦。本书坚信，在一些确实非常可怕的事情（如贫穷、恐怖主义、疾病、战争）面前，你完全能够做到不让自己痛苦。如果你选择这样做，努力去改变你所遇到的最差境况，或许你可以改变这个世界。

- 它可以帮助你理解一些精神障碍的主要原因（比如偏执、心胸狭窄、教条主义、苛刻和专制），以及让你知道如何与这些你自己和别人生活中神经症的根源作斗争。

- 它呈现了大量处理严重焦虑、抑郁、敌意、妄自菲薄和自怨自艾情绪的REBT方法。与其他任何主流的学院派治疗方法（除了阿诺德·拉扎勒斯的多元疗法）相比，REBT是真正兼容并包和多功能的疗法。与此同时，它是有选择性的，本书尽力剔除有害和无效的心理疗法。

- REBT 是高效的。它能快速有效地抓住人们困扰的核心，可以提供通常在短时间内就有效果的自助方法。

- 本书告诉你如何做一个忠实的快乐主义者和个人主义者，而要做到这些，你首先要做真实的自己，同时，在社会团体中，生活得快乐、成功，有良好的人际关系。它会让你保持甚至提高你自己特有的价值观、目标和理想，在你生活的社区中做一名有责任感的公民。

- 它是简单的，而且我希望它特别清晰，但绝不是过分简单化。本书中的观点，是从许多哲学家和心理学家著作中收集而来的，实用且朴实，但尽管如此，这些观点也是意义深远的。

- 它呈现了当今发展最为迅猛的治疗方法中的规则和方法：REBT（理性情绪行为疗法）和 CBT（认知行为疗法）。这两类方法近年来以其有效性帮助了无数的来访者和成千上万的治疗师。本书采用了这些理论中最棒的自助技巧，并且将其调整，以便普通读者可以学习使用。这意味着 Y-O-U。

最后，这本书告诉你，面对任何事情你都可以完全不让自己痛苦。任何事情？真的吗？确定吗？没有胡说八道？是的，它确实可以做到，前提是你需要仔细去听（L-I-S-T-E-N）并努力（W-O-R-K）接受和使用本书中的内容。

你会去听吗？会去做吗？你会去思考（T-H-I-N-K）、感受（F-E-E-L）和行动（A-C-T）吗？

你肯定会的。我希望你会！

第2章

你真的可以面对任何事情而完全不让自己痛苦吗

本书表达了一个奇怪的信息，那就是所有人的痛苦和严重情绪紊乱都是不必要的，更不用说不道德的情绪了。你，不道德？当你让自己严重焦虑或抑郁的时候，你显然正在跟自己对着干，这对你自己不公平、不公正。

你的困扰也会严重影响你的社交团体。它会让你的家人苦恼，让你的好友心烦，在某种程度上，甚至会让你的整个社区都情绪低落。让自己恐慌、暴怒和自怨自艾的代价是巨大的：时间和金钱都流失了；努力都白费了；精神上承受不必要的痛苦；蓄意破坏别人的幸福；愚蠢地消磨掉一生中潜在的乐趣。是的，唯一的一生，你可能曾经拥有过的乐趣。

多浪费。多么没必要啊！

但痛苦不是人类情感的正常现象吗？是的，是正常现象。情感痛苦不是从远古以来就伴随我们的吗？是的，自古以来就是这样。那么，是不是只要我们是人类，只要我们拥有感觉的能力就无法避免情感苦痛呢？

不，不是这样的。

我们不要把痛苦情感与情感困扰混淆起来。

人类确实是有感觉的。其他动物也有感觉，但是不像人类的感觉这么微妙。例如，狗可能会感觉到我们所谓的爱、悲伤、害怕和快乐。不过它们的体验没有我们深刻，但是它们确实也有情感。

那么，对于敬畏、浪漫的爱、充满诗意的狂热、充满创造力的热情、对科学的好奇呢？狗和大猩猩也有类似的情感吗？

对此我十分怀疑。我们微妙、浪漫、创造性的情感来源于复杂的思想和理念。正如斯多葛派哲学家爱比克泰德（Epictetus）和马可·奥勒留（Marcus Aurelius）所述，我们人类主要是按照我们思考的方式来感受。不，不完全是，但主要是通过思考方式来感受。

在我将许多古代和后来的哲学家们——巴鲁赫·斯宾诺莎（Baruch Spinoza）、伊曼努尔·康德（Immanuel Kant）、约翰·杜威（John Dewey）和伯特兰·罗素（Bertrand Russell）的思想改进之后，这就是理性情绪疗法（REBT）一直盛行50年的核心观念。通过学习（从父母和其他人那里学习）和发明（在我自己的脑中）自己合情合理及愚蠢的想法，我们创造了自己的大部分情绪情感。

创造？对，我们创造了情绪情感。我们有意无意地、选择性地以某种有益自身或自伤的方式去思考、感受和行动。

也不完全是这样。不是所有情况都是如此。远远不止这些！因为我们可以从遗传和环境中获得巨大帮助。

我们不可能生来就具有特定的信念、情感和行为。我们的环境也不能直接让我们行动或感受。但是我们的基因和社会教育很有可能让我们去做（或者喜欢）那些我们做过的事情。尽管我们通常都习惯（或沉溺）于这些倾向，但是我们没有必要去这样做。我们绝对没有必要！

但这并不是说我们有无限制的选择权或自由意志，就像我们怎样努力尝试，也不可能振翅（双手）高飞。我们不能轻易停掉对某些物质的癖好，比如香烟、美食和酒；也不能轻易改掉某些习惯，比如拖延。我们无数次想要改变那些我们已固化的习惯。是的，我们确实是这样。

但是我们可以选择彻头彻尾地改变自己。我们能改变自己最强烈的信念、情感和行为。为什么？因为跟狗、猴子和蟑螂不同，我们是人类。作为人类，我们生来就具有（而且可以不断提升）其他生物很少拥有的一个特点：思维的能力。我们不只是天生的哲学家，我们还可以思考我们的理念和推理我们的论证。

这是多么幸运啊！这个特点赋予我们一定程度的自我决定或自由意志。如果我们只是一维思考者（one-level thinkers）而不能剖析自己的想法，不能权衡自己的情感，不能审视自己的行为，我们会在哪里呢？那是多么悲惨！

事实上，如果我们不选择只做一维思考者，我们还没有那么惨或者被习惯束缚。因为我们能够觉察周围的环境也能了解我们自己。我们生来就具有一种对我们自己行为进行观察和思考的潜能。与其他动物（比如灵长类动物）不同，他们没有自我意识。他们可能会有一些自我意识，但是没有那么完整。

我们人类有真正的自我意识。尽管我们不必一定要做，但是我们确实有能力去观察和评价自己的目标、需求和意图。我们可以剖析、审视、改变它们。我们也可以看到和反思我们改变后的信念、情感和行为，而且我们还可以继续改变它们，一遍又一遍地改变它们。

现在，让我们先不要把"自我改变"这个想法落到实处。当然，我们有自我改变的能力。当然我们可以使用这个能力，但不是毫无限制地使用，也不是完美地使用。我们绝大部分原始的目标和需求来自我们的生物倾向和早期儿童训练。

我们喜欢母亲的乳汁（或者瓶装奶），我们享受依偎在父母身旁。我们喜欢母亲的乳汁和父母的怀抱是因为我们生来就喜欢，我们被训练而喜欢这些，变得习惯性地喜欢这些。所以我们所谓的需要和喜好并不是自由选择的。很多习惯都是被我们的遗传和环境逐步灌输到我们身上的。

我们越多使用自我意识，越多思考目标和需求，就会更多地创造自由意志和自我决定的权利，没错，创造！例如，当你觉察遭受丧失时的挫折与失望感受。有人承诺给你一份工作或者借钱给你，而他后来出尔反尔。很自然，你会感到恼怒和伤心。好，这些负面情绪表明你没有得到你所期望的东西，还会激励你去找另一份工作或找别人借钱。

所以，起初你恼怒悲伤的情绪是不舒服的、"坏的"。但是从长远来看，这些情绪会帮你得到更多你想要的，更少你不想要的。

当你生活中有什么事情不对劲儿的时候，你会选择这类健康的负面情绪吗？是的。你可能会选择感到恼怒——或一点愤怒。你可以选择关注失去一份工作的好处（例如，你有机会去找更好的工作），这样就一点也不会感到愤怒了。或者你可以选择贬低这个说空话的家伙，跟这个"卑鄙的家伙"相比，这样你会因为自己是个"好人"而感到开心。

你也可能选择放大获得这份工作后的弊端（例如，每天上下班往返的麻烦事儿），这样你就会因为没去做这份工作而沾沾自喜了。失去这份工作，想要不伤心或愤怒可能需要努力，但是你绝对可以选择这样做。

所以，失去一份工作（或借钱甚至任何事情），你都可以选择自然或正常的反应。通常，你可能自然而然地产生一些情绪反应，你会选择接纳正常和健康的愤怒、失望的情绪，而且将来这些情绪还会帮助你。你可以与它们一起生活并从中受益。

现在我们假设，当你因为不公对待而失去一份工作或者贷款时，你会让自己感到严重焦虑、抑郁、自我贬低或者愤怒。你看到自己被不公平对待，你因为别人的不公而让自己非常难过。

你仍然可以选择产生或不产生这些强烈、疯狂的情绪吗？

当然可以。很明显，你绝对可以。

这就是本书最核心的主题：不管你的行为多么恶劣，不管别人对待你多么不公，不管你生存的环境多么糟糕——你实际上总是（是的，总是）拥有改变强烈情绪的能力和力量，如焦虑、绝望和敌意。你不仅可以减少这些情绪，还可以战胜并消除它们。但前提是，你必须使用接下来章节中提到的方法！

当你遭受了损失，你惊慌、抑郁和愤怒的情绪是不正常的吗？不，这些情绪都是正常的，它们是那么正常，因为这是人类的基本反应之一。它们特别正常和普遍。实际上我们每个人都经常会有这些情绪，如果你很少感受到这些情绪会让人觉得很奇怪。

正常和普遍不意味着健康。感冒很常见，擦伤、骨折、感染也很常见，但是这些都不是好的或有益的。

焦虑情绪也是这样。担心、谨慎、警觉和我们称为轻度焦虑的情绪是正常和健康的。如果你完全不焦虑，你会看不到自己要去哪里或者在做什么，那么你会很快遇到麻烦。

但是严重焦虑、紧张、恐惧和惊慌虽然正常（或者常见），却是不健康的。严重的焦虑可导致过度忧虑、恐惧和惊慌。它会让你表现欠佳、恐惧交往。所以，你要保持适度的关注和谨慎，但是要注意避免过度关注、恐慌和恐惧的情绪。

如何做到呢？首先，要承认两种情绪大相径庭，不要争辩焦虑是一种健康状态或将之合理化。焦虑是无法避免的，只要你活着就会焦虑。对你来说，担心和谨慎几乎无法避免（而且是有益的），但惊慌和恐怖就不是这样的了。

担心和惊慌之间的区别是什么呢？

区别来自是否将你需要的事物视作必要之物。正如我在《理性生活指南》中所述，当你从想要一跃到"必须要"，你就创造了严重焦虑。

如果你要表现出色并且渴望被别人接纳，那你就会担心失败，担心被拒绝。健康的担心会鼓励你表现出色，但是如果你打心眼儿里觉得，在任何情况下都必须表现出色，必须让所有人都接纳认可你，那么如果你没有像自己预期的表现那么好，你就会感到惊慌。

真走运！如果爱比克泰德、卡伦·霍妮（她是第一位谈论"理所应当的暴行"的学者）、阿尔弗雷德·科泽斯基（Alfred Korzybski；普通语义学的创始人）以及REBT的理论是正确的，你总是可以通过扭曲思维的方式，造成你的情绪问题。因此，如果你能意识到自己怎样陷入非理性的需要、应该、需求和要求之中，不知不觉地把这些非理性信念混入你的思维中，从而让自己心烦意乱，那么你就能几乎不被外事所扰，怡然自得。

不被外事所扰？是的，是几乎不被。

之后我们会讨论到一些"必须要"规则的例外情况。但是在 95% 的情况下，你都可以指出你必须性的信念、情感和行为，改变他们；不再为曾经总是困扰自己的麻烦而痛苦，心烦意乱。拒绝因为"通常"你让自己心烦意乱的问题而痛苦。

真的吗？是的，是真的，如果你这样思考，你就可以合理地理解这样的说法。

我能证实 REBT 的理论吗？我想我可以。现代心理学已经做了许多实验来证明惊恐和抑郁的人可以通过改变他们的观点克服心理失常的情绪，从而过上更幸福的生活。近来，感谢那些理性情绪行为疗法、认知疗法和其他认知行为疗法的研究者，200 多项科学控制的研究表明，教会人们如何改变他们的负面观点，能有助于他们的感觉和表现。成百上千的其他研究表明，REBT 中使用的主要技术是非常有效的。

仍然还有另一批科学研究（著述的此时，这些研究超过 250 项）在检验人们持有的主要不合理信念（我在 1956 年提出来的内容）是否真的表现出心理失常。大约 95% 的这类研究显示，与问题较少的人相比，那些有严重情绪问题的人承认，他们有更多的非理性信念。

所有的这些科学证据是否说明你可以轻易发现那些让你感到痛苦不堪的绝对的、严苛的"应当、应该、必须、需求和要求"并很快放弃它们呢？你是否可以立刻变成明智的思考者并马上过着无忧无虑的生活？

不一定！本书后续会介绍，这需要一定的过程。但是这里有一个答案。你绝对可以去认识、去怀疑甚至让那些扰乱你的非理性信念投降。你可以使用科学思维去改变自我挫败式的信条。

怎么做？请阅读接下来的章节。

但是首先，做一个练习。

REBT练习1

一开始，下面的练习看起来很简单，其实它并非这么简单。当你认为生活中的某事是"不幸的"或当你担心一件"坏"事要发生的时候，它让你练习区分你的健康和不健康的负面情绪。

区分健康的担心、谨慎、警惕和不健康的焦虑、紧张和惊慌

想象一件不幸的事情很快就要发生在你身上，比如丢掉一份好工作，在意外中受伤，或者失去心爱的人。尽量生动地想象这样的事情可能很快就要发生。你有什么感觉？创造这份感觉时你对自己说了什么？

如果你感觉到健康的担心或谨慎，你在告诉自己这样的话："我当然不喜欢这类不幸的事情发生，但是如果它真的发生了，我也可以从容应对。""如果我的伴侣病得很重或者去世，这将令人非常伤怀，但是我依然会好好活着，依然能感受到快乐。""如果我失明了，也只是在这个特定的方面有残疾，但我依然还可以有许多其他享受生活的机会。"

请注意，这些想法都讲到了如果不幸的事情发生你会失去也会伤心，但所有的想法中都加了一个但是，话锋一转，后半句就让你知道你依然有生活和享受生活的选择。

如果你感到不健康的焦虑、紧张或惊恐，思考一下这类必须、必要、糟糕透顶、我不能忍受这些、自我挫败（self-downings）和过度概括："如果我丢了工作，我就再也找不到好工作了，这会表明我是一个彻头彻尾的窝囊废！""我必须保证我的伴侣绝不能死，因为一旦他去世了，我就无法忍受这样的孤独，我肯定痛苦终生。""我万万不能失明，因为如果我失明了，我妻子肯定会承受不了，会被吓坏的，而且我再也不能享受任何生活了。"

请注意，这些是无条件、十足痛苦的先兆，而且它们使你面对频繁的痛苦，无处可逃。

　　再次想象一下，如果一些糟糕的事情真的发生在你身上，如果你丢了所有的钱，有一个对你总是吹毛求疵的老板，或者被你最好的朋友或伴侣不公对待。当你想象这些的时候，你会只感到失望、悲伤和后悔吗？还是你也会感受到不健康的沮丧或者愤怒？

　　如果你感到沮丧，请寻找一下这样的应当、应该和必须："我应当更小心保管我的钱。不早早提高警惕真是太傻了！""我的老板不应该对我这样吹毛求疵！我忍受不了这样一而再，再而三的批评了！"

　　如果你感到愤怒，请寻找这类"必须要"的内心自我对话（self-statements）："我最好的朋友绝对不能对我不公！他真是个卑鄙小人！""我的生活条件应该比他们好！现在的一切实在太不公平、太可怕了！"

　　无论何时，由于不幸的事情真的发生在你身上或者你想象这类事情发生而产生了强烈的负面情绪，请看一下这些情绪是否是由你对好事的希望和期待而产生呢？或者是不是因为超出了想要的范围，并且抱持了强有力的"应当、应该、一定、需求、要求和必要"而创造了这些负面情绪呢？如果是这样，你正将担心和谨慎转变成过度担心、严重焦虑和惊慌。请观察你情绪情感中这些真实的区别吧。

第 3 章

科学思维能消除你的情绪困扰吗

你可以通过纯粹的逻辑推理想明白这个事实，即如果你只拥有你的需要和喜好，如果你从来都不会掺杂一些不切实际的要求（比如你的需要必须被满足），那么你就不太会被任何事情所困扰，真正地困扰。为什么？

因为你的喜好始于"我非常喜欢或者特别喜欢成功，得到支持或者舒适感"，而止于"但是我没有想必须得到这些。没有这些，我也不会死。而且没有这些我也可以获得快乐（虽然可能没有那么快乐）"。

或者你的偏好始于"我特别不喜欢或者憎恶失败、被拒绝或痛苦，但是我可以忍受这些。我不会垮掉，如果我有这些不幸的经历，我仍然可以相当快乐（即便没有那么快乐）"。

然而，当你坚持你必须拥有某件东西或者去做某些事情的时候，你通常是这样想的："因为我非常喜欢或者特别喜欢成功、他人的支持或快乐，任何情况之下，我都理所应当必须拥有这些。如果我得不到，那就糟透了，我无法忍受，由于我没有得到这些，我会低人一等，这个世界也变成一个恐怖的地方，因为它无法给予我所必须拥有的东西！我再也得不到这些了，因此我也永远不会快乐了。"

当你用这种刻板的、"必须要"的方式思考，你会经常感到紧张、沮丧、怨恨自己、充满敌意而且自怨自艾。就坚持你强烈、刻板的应当、应该和必须吧，你会看到你有怎样的感受。

教条式、无条件的必须事项是情绪问题的唯一原因吗？不，不完全是这样。一些情绪紊乱，例如，精神错乱和癫痫可能就不涉及必须事项。其他精神问题，比如重度抑郁和酒精成瘾，可能包括心理疾病引发的必须事项或其他形式的定式思维，当然也包括那些被必须事项或其他形式的定式思维引发的精神问题。

但是常见的情绪困扰或神经症（比如大部分焦虑和暴怒的情绪）大部分源自不切实际的思维。也包括你有强烈自卑感的时候吗？是的，很讽刺的是，你的自卑感也是你神一般要求的后果。

以史蒂维为例，23岁，拥有法律学位，而且很顺利地成为一名注册会计师，史蒂维似乎拥有每个人都想拥有的一切。他还有间很宽敞的公寓，几乎十全十美、令人喜爱且富有的父母。但是，史蒂维是一个社交废人（social basket case），他没有朋友，没有伴侣，除了法律和生意之外，他不会谈论任何话题。他恨透了自己。

是史蒂维有一个比他善于交际的哥哥吗？

是因他对母亲强烈的性欲而导致他在无意识中的负罪感吗？

是因为他曾经在球场上被上垒的三个孩子三振出局而且被所有的同学嘲笑吗？

是因为父亲对史蒂维的自慰行为大吼大叫，而且还威胁他要切掉他的小鸡鸡吗？

史蒂维没有上述所有的经历。他几乎没有童年创伤，而且几乎在所有事情上都顺风顺水。但是，史蒂维为什么会这样呢？

当史蒂维青春期的时候，尽管父母十分关爱和接纳，尽管他的学业和运动上都表现优秀，但是他恨自己。为什么呢？

因为他不擅长交谈，他声音尖锐而且有轻微的咬舌。作为完美主义者的史蒂维，要求自己必须谈吐完美。但是他越要求自己表达完美，他就越结巴。之后，他就几乎闭口不说，变得退缩。

当他 23 岁的时候，所有人都知道史蒂维是一个特别害羞、内向的年轻人，不过没有人想到他会恨自己，但是有些人意识到他潜在的不切实际的想法：他必须在任何方面都十全十美，他拒绝接受任何形式的平凡。在接受了几个月的 REBT 治疗之后，我才能向他说明他把太多的应该压在自己身上了。例如，"我必须在每个重大事件上都十分出色，因为我绝对不能说话显得愚蠢或者表现不佳，所以当我出现这种情况时，我就感觉自己一无是处。当我不能谈吐十分出色的时候，我还能做到什么？"

最初，史蒂维无法承认自己的完美主义。但是他最后看到了对自己神一般苛刻的要求。一旦他意识到这些要求，他便开始使用 REBT 来抵制这些要求；而且一旦他开始意识到他不必谈吐完美，那种自卑感就消失了。尽管他依然还会咬舌而且声调尖锐，但是他不再退缩，并且促使自己不断地说话。最后，他成为一位健谈的人。

不是所有的情绪困扰都源自不切实际的思维，但是大多数情况是这样的。当你要求自己必须不能失败的时候，你也是在要求自己绝对不能神经质。例如，史蒂维清楚地看到自己有些神经质。然后，他因为这个困扰而贬低自己，于是他把自己搞得更加神经质了。

因此，他告诉自己，"其他人就不像我这么害羞。别人没有这类问题，而我这么害羞简直太古怪了，我绝对是太古怪了。""因为这件事情而困扰，我真是太愚蠢了！"所以他为自己创造出了另一个问题：因为自己的神经质而神经质。

当你有些神经质的时候，你经常会让自己的思考没有逻辑而且不切实际。第一，你生来就具有接纳和创造自我挫败观念的天赋。第二，你所处的环境会给你带来真正的问题（比如贫穷、疾病和不公平），这会在相当大程度上激活、激发你的刻板思维（比如，"既然你具有音乐才能，那么你就理所应当成为一名杰出的音乐家"）。

但神经症仍然主要是由你造成的。你有意无意地选择因神经症而受苦。

但是你也可以选择停止你的愚蠢行为，坚决拒绝因为任何事使自己神经质。

你真的可以吗？

是的，这正是本书的主要内容。你可以科学地思考。正如杰出的心理学家乔治·凯利（George Kelly）在1955年指出的，你是一个天生的心理学家。因此，当你决定存钱买一辆好车时，你会预测将要发生的事情。因为，一旦你做了决定，你会观察自己行为的结果，核查这些结果，试着证明自己的预测。你真的能存足够的钱吗？如果你不存钱，你能得到一辆好车吗？你自己会去检验。

这就是科学的本质：设定一个貌似合理的假设或猜想，然后通过实验来检验，看实验结果是支持还是反对最初的假设或猜想。因为假设不是事实，它只是一个猜想、假想，你需要对其进行检验，以证明它是否正确。如果证明假设错误，那么你要推翻这个假设，再尝试一个新的假设。如果假设似乎是正确的，你可以试探性地保留这个假设——但是如果后来遇到反对这个假设的证据出现，你要准备好去改变这个假设。

这是科学的方法。这很难万无一失而且经常会产生不确定的结果。但这可能是我们目前所拥有的探索"真理"和理解"现实"最好的方法了。许多神秘主义者和宗教狂热者认为，科学只能让我们对现实进行有限的认识，我们必须通过纯粹直觉或直接体验宇宙的中心能量才能接触到绝对真理和理解宇宙。这些只能说是有趣的理论或者假设！因为到目前为止这些还很难被证明。而且很有可能我们根本不能证实或证伪这些假设。因此，这些不是科学。

科学不仅仅是使用逻辑和实验来证实或证伪一个理论。更重要的是，科学包括持续地修订和改进，并试图用更合理的观念和更有用的假设来替代原有的理论。科学是灵活而不是刻板的，是开放的而不是教条主义的。它在为更清晰的真理而奋斗，而不是一味追求绝对和完美真理。

本书概述的REBT原则认为反科学、非理性思维是情绪困扰的主要原因，如果REBT能让你成为一名有效的科学思考者，你就会知道如何不为任何事情而困扰。是的，任何事！

因为，如果你一直能让你的需要、喜好和价值观保持科学性和灵活性，你就不会把它们升级为自我挫败的信念。那时你会这样想："我更喜欢拥有很成功的事业和我喜欢的合作伙伴。"但是你不会极端地，而且不科学地加上：①"我必须要有很成功的事业！"②"我只有跟我喜欢的合作伙伴在一起才能开心！"③"如果我没有很成功的事业和良好的人际关系，那么我就是一个彻头彻尾的烂人！"

REBT 还告诉你，如果你不知怎的就相信这些苛刻的必须事项，而且因此让自己苦不堪言，你可以使用科学的方式质疑和根除它们，那么你又可以开始理性思考了。因为这就是情绪健康所在——理性或科学思考。REBT 认为，如果你放弃所有的教条、偏执、狭隘，想要让自己严重神经质几乎是不可能的。因为如果你科学地思考，你就可以接受不可改变的烦恼，而且不再认为它们是"天大的恐慌"。

当然，你几乎不能做到。绝对不会！

你有足够多的机会成为一名完美的科学家，比如完美的钢琴家或作家。但是"人非圣贤，孰能无过"，你很难做到完美！

如果你愿意，你可以尽你所能来奋斗。但是你最好不要追求完美！你可以希望完美，非常渴望做到完美，但做不到完美时请你不要因此而烦恼。尽管渴望真正的完美似乎是徒劳的，但是要求完美绝对是疯狂的！阿尔弗雷德·科泽斯基将之称为心智不健全（unsane）。

所以即便是畅读本书，而且积极地练习书中的建议，你也不能成为一个完美的科学家，或让你的余生完全"无忧无虑"。收起这类乌托邦的幻想吧，试着做一个虔诚的信徒，信仰那种永远的极乐吧。科学不是这样的。但是这里有一个更实际的 REBT 的计划。

去挑战你的痛苦，来尝试科学。给它一个真正的机会。努力理性思考，忠于现实，检验你对自己、他人和世界的假设。通过你能找到的最好的观察资料和事实来检验这些假设。不要再做波利安娜（Pollyanna，极端乐观的人），放弃那天上掉的馅饼，丢掉那"唾手可得"的痴心妄想，果断抛弃你那幼稚的祈祷。

是的，抛弃它们！一遍一遍又一遍！

你再也不会感到困扰了吗？我仍有疑问。你可以把焦虑、沮丧、愤怒降到零吗？可能不行。

但是我可以为你承诺：你变得越相信科学、理智和现实，你就会越少感到情绪不安。但不是完全没有不安，因为那样是非人类或超人类的。但确定会减少相当多的情绪问题。并且，随着时间推移，你科学的观点会越来越稳固，你会越来越少地出现神经质的情况。

这是一个保证吗？不是，但至少是一个可以实现的假设。

REBT练习2

想一下，最近你为某事而焦虑的时候。你在为什么焦虑或者过度担心？去认识陌生人？工作上表现是否良好？得到你喜欢之人的支持？通过一个考试或者课程？在工作面试上表现出色？赢得网球或者象棋比赛？被一所好学校录取？得知你患有一种严重疾病？被不公平对待？

找出那些导致焦虑和过度担心的，你对成功或支持的需要和要求。你信念中的"应当"、"应该"或者"必须"是什么？找到这些制造焦虑的想法：

"我必须让这些刚认识的人印象深刻。"

"因为我想要在工作上表现出色，所以我必须做到！"

"因为我非常喜欢这个人，所以我一定要得到他的支持！"

"通过这门考试或课程非常重要。因此，我必须要通过。"

"因为这是一份好工作，所以我必须要讨好面试官。"

"如果我赢得了这场网球（或象棋）比赛，我会证明我是一个优秀的选手。因此，赢得比赛和向所有人证明我的优秀很有必要。"

"我申请的这所学校是我所能就读的最好的学校之一，而且我真的很想被录取。因此，我必须被录取，否则后果不堪设想。"

"如果我真的患有重病，那就太恐怖了；而且如果真是这样，我可无法忍受。我必须明确知道，我没得重病。"

"我对人很好，所以他们一定不能对我不公，如果他们真的这么做，那就太可怕了！"

在每一个让你感到焦虑和过度担心的例子中，找到你的期望（"我非常想要得到这份工作"），然后找到信念中的要求或必须（"因此，我必须要得到这份工作，否则我无法忍受"）。

针对你最近沮丧的情绪，也做同样的事情。找到你因为何事而沮丧，然后继续坚持直到你找到你制造沮丧情绪的应当、应该或必须。看看下面的例子：

"因为我想得到这份工作，所以应该为面试好好准备，但是我没有按照必须拿下这份工作的要求来充分准备，我真是个傻瓜，配不上这么一份好工作。"

"我原本应该为了赢得比赛练习更多次，但是我没有按照我应该做的那样去练习，这证明了我真是一个懒家伙，根本不可能把网球打得出色，我根本是一事无成的人。"

找出那些最近让你因为某事对某人十分生气的应当、应该和必须。例如：

"在我破例借钱给约翰之后，他从来没有还给我，但是他绝对应该还钱啊！这个不负责任的小人！他绝对不能这样对我啊！"

"我本该周六去海边的，但是傻傻等到周日才去，结果周日还下雨了。天气应该一直晴朗到周日才对啊！下雨了之后多糟糕啊！我可不能忍受去海边的时候下雨。"

姑且假设，大多数你感到焦虑、沮丧或生气的时候，你不仅强烈需要而且还要求事情必须进展顺利，你能得到你所想要的一切。去他的应该，去他的必须！找到你的应该，找到你的必须！不要放弃，直至你找到为止。如果你在寻找的过程中遇到困难，寻求朋友、亲属或 REBT 治疗师的帮助。坚持到底！

同样，假设当你的应该和必须打败你的时候，它们是如此强大和情绪化。而且假设你一直是按照它们来行动。（"因为我不确定，因为我必须这样，我可以赢得网球比赛，这有什么用处？我也可以不再打网球。"）你不只是思考这些破坏性的必须，你还强烈地感觉到它们，还以它们为行动纲领。你用一定要的方式来思考、感受和行动。三个方面都是这样！如果你能看到并向它们发起进攻，信念、情感和行为都可以改变。

第 4 章

怎样科学地思考你自己、他人和你的生活条件

　　假设现在我向你兜售能帮助你克服焦虑、生活更加幸福的科学方法，这次又是什么呢？你怎样才能专心将科学用在你跟你自己、别人和你周围环境的关系中？继续阅读吧。

　　正如我在第 3 章中所指出，科学是灵活的、非教条主义的。它忠于现实（现实一直在变化）和逻辑思维（逻辑思维并不自相矛盾但是它同时拥有对立的两方面）。但是科学也避免全或无，或通过科学思考可以看到现实通常都是两面性的，包括矛盾的事件和特征。

　　因此，在我和你的关系中，我不是一个完全的好人或者坏人，我是一个有时候对你好而有时候对你不好的人。为了不用刻板和绝对的视角看待世上的事，科学假设这些事情，通常遵循概率论。

　　下面是科学方法的主要原则：

1. 我们最好接受世界上正在发生的事情（WIGO）并将其视为"现实"，即便当我们并不喜欢它而且想要试着改变它的时候，这也是"现实"。我们一直观察和检验"事实"，看它们是否仍然是"真实的"或是否已

经变了。我将对现实的观察和检验称为科学的实证方法。

2. 我们用逻辑和一致的方式陈述科学定律、理论和假设，并且避免重大的、基本的矛盾（以及错误或不现实的"事实"）。当理论不再被事实或逻辑支持的时候，我们可以改变这些理论。

3. 科学是灵活和非刻板的。所有认为任何事情是绝对的、无条件或永远真实，即在任何时候任何条件下都真实的观点，科学都对其持有怀疑态度。在有新信息出现的时候，科学乐意进行修订和改变它的理论。

4. 科学不支持任何在某些方面没有证据的理论或观点（例如，世界上存在看不见的、全能的魔鬼，而且是它们导致了世界上所有的恶行）。这并不意味着超自然现象不存在，但是因为没有方法能证明超人类生物存在或者不存在，所以它们不属于科学的领域。我们对超自然事物的信念是重要的，这些信念是可以被科学研究的，我们经常可以找到对"超自然"事件的自然解释。但是这不可能说明我们证实或者推翻了超自然生物的"现实"。

5. 科学对宇宙中存在"好人有好报"和"罪有应得"表示怀疑，因为这类说法神化了人（或事物）的"善"行或者诅咒他们"恶"行。这种说法没有任何对"善"行和"恶"行的绝对、普遍的标准，而且它还假设如果任何团体看到某些"善"行就往往（但不是必须）会奖励这些人，而且常常（但不总是）惩罚这些做出"恶"行的人。

6. 关于人类的事件和行为，科学也没有任何绝对的标准，但是一旦人确定了一个标准或者目标（比如保持活力和在社会中快乐生活；科学可以研究人们喜欢什么，他们生活的环境，以及他们惯常的行为方式；科学在某种程度上可以判断他们是否可以达成这些目标，是否需要改进目标或者通过其他的方式来达成目标。关于情绪健康和幸福，一旦人们确定了他们的目标的标准（这对人们来说，并不容易），科学常常可以帮助他们实现这些目标。但是这并不是承诺！科学可以告诉我们如何做才有可能过得更好。

如果这里有一些科学方法的主要原则，你应该怎样遵循这些原则从而帮助自己变得情绪更加健康，生活更加幸福呢？

　　答案：找到你的心烦意乱，找到你创造心烦意乱的主要不合理信念，使用科学方法把这些不合理信念撕成碎片。通过科学的思考、感受和行动来与之对抗。

　　为了向你展示如何去做，让我以一些常见的不合理要求为例，对其进行科学分析。

不合理信念

"因为我非常希望这样做，所以我就一定要做好。"

科学分析

　　这个信念是能实现和真实的吗？显然不是。因为任何人都具有一定程度的选择权，不必一定要做好，我拥有做不好的权利。更进一步讲，因为人都有可能犯错，即使每次我总是在心中想着要做好，也不可能存在某种方法，让我总是能够实现这样的念头。

　　这个信念合乎逻辑吗？当然不，因为人都会犯错的特点与总是能够做好的要求是矛盾的。同时，"因为我强烈地希望做好，我就必须做好"，这个推理也不具备逻辑性。

　　这个信念灵活而不刻板吗？显然不是，因为它认为在所有情况下，在所有方面，都必须做好。因此，这是一个不灵活，刻板的观念。

　　这个信念是歪曲的吗？从某种角度来讲，是这样的。因为我可以证明，我不必每时每刻都必须做好。而这个观念却认为我必须总是要做好，这好像在暗示，我是一个超自然的存在，我的愿望必须总是能够得到满足，而且我有满足这个愿望的能力。

　　好像没有方法可以完全证明这个神一般的要求是扭曲的，因为即使有时我做得不好，我也可以说：我这样做是有理由的，如果我想，我就总是可以做好的。我也可以说："'上帝'都会这样做！"那么，作为"上帝"的孩子，我也不需要解释为什么我没有做好。

　　这个信念可以证明什么是理所应当吗？不，除非这是一条命令，否则这不能证明或证伪此点。我可以这样想，因为我很聪明，很努力，因此我会很容易或者很可能取得成功。但是我不能有这样的想法——因为我聪明、用功、有活力、对成功的渴望或者任何其他的什么原因，世界就应该毫无疑问地让我取得成功。这种所谓的理所"应当"、"应该"、"必然"都是不现实的；或者，类似的想法，我总是可以做得很好，也是不现实的。

这个信念能证明做得好就会得到好的、令人快乐的结果吗？当然不能。即使我任何时刻都能够做好，我也可能得到不好的结果，因为很多人也许会嫉妒、憎恨我，并且因为我的优秀表现来伤害我。如果我固执地认为："因为我非常希望这样做，那么我就一定要做好。"我可能会发现，有时我并不像想象的那样一定会表现好，并且因此而开始埋怨自己和世界，导致焦虑和抑郁。因此，这个观念是行不通的——除非我能够有方法让自己永远表现优秀！

不合理信念

"我必须得到心目中重要之人的认同，否则我会感觉很悲惨，并对此如临大敌一样。"

科学分析

这个信念是能实现和真实的吗？答案显然是否定的，因为世界上没有任何一条法律规定我必须得到心目中重要之人的认同，反而存在这样的现象——大多数我渴望从他那里得到认同的人不会这样做。当我没有得到认同时，可能会有厄运降临。然而，当你为此感到恐慌时，它可能就会成为①非常不好的事情；②完全坏的事情；③糟糕透顶的事情。但是，不被重要的人认可，也许并非一件非常不好的事，而仅仅是一件有些糟糕的事。同样，这也不可能是一件最坏的事，因为总是有更差的可能性。因此，这个观念不符合真实性规则。

这个信念合乎逻辑吗？答案之所以是否定的，是因为我发现，重要之人没有一定要认可我的义务。而且即使重要之人不认可我，给我带来了很大的困扰，也不意味着接下来我的人生就一定是悲惨和令人恐惧的。事实上，如果那些我喜欢的人并不是很喜欢我，我可能会这样想：最开始的时候，这个人可能是喜欢我的，后来又挫伤我、离我而去。

这个信念灵活而不刻板吗？当然不是，因为这个观念认为在任何情况下以及任何时刻，我认为重要的人都应该认可我。这太绝对了！

这个信念是歪曲的吗？是的，因为即使重要的人不认可我，我也依然可以找到生活的热情。同时这个观念也在暗示这样的想法：我是无所不能的，因为我要求我认为重要的人在任何情况下都必须认可我；当他们并不认可我时，而且从事实来看他们不认可的可能性更大一些时，我也可以认为他们是认可的或者对外声称他们实际上是认可我的。我总是可以说，我什么都知道，我知道他们内心秘密的想法和感受；那么，可以说有这种感觉的观念就是弄虚作假。

这个信念可以证明什么是理所应当吗？不能，我不能证明此点，因为即使我对重要的人很好，他们也不必一定、必须认可我。理所应当也是一种错误的观念。

这个信念证明了做得好就会得到好的、令人快乐的结果吗？正相反。无论我多么努力地想要得到重要的人的认可，都会很容易失败——并且，如果我还认为他们本来就应该喜欢我，那么，我就非常可能变得抑郁。抱着这种"在任何时刻，任何情况下，他们都应该认可我"的想法，我就几乎不可能得到他们的认可，当他们不像我想象中那样理所应当时，我会开始怨恨他们、自己和周围的世界。

不合理信念

"人们应该为我着想、公正地对待我，如果他们不这样做，他们就是坏人，应该被诅咒、受惩罚。"

科学分析

这个信念是能实现和真实的吗？不，不是。这种信念意味着无论何时何地，别人都要为我着想、公正地对待我。很显然，别人不会这样做，而且事实也证明如此。说这些人是坏人是不切实际的，因为这里所说的坏人是指坏透了，不会做任何好事或者中立的事情，而且注定永远作恶多端的人。这种彻头彻尾的坏人似乎是不存在的。这种观念也意味着，这些不为我着想、对我不公正的人总会受到严惩，他们的厄运和惩罚是早就注定的。

而这都不是现实中所发生的事情。

这个信念合乎逻辑吗？不，因为这意味着因为别人有时不为我着想、对我不公正，他们就是彻底的坏人，而且总是会受到惩罚。即便我能够按常理去证明那些人确实对我不好，我也不能因此就说，他们就是彻头彻尾的坏人，更不可能因为对我不好就应该遭受惩罚。这样的结论似乎与我们观察到的，对我们不好的人的日常经验是不一致的。

这个信念有可回旋的余地吗？没有，因为这个观念预示着即使是别人只有一次不为我着想，对我不公，他就是彻头彻尾的坏人，而且不可避免地要承受严重的诅咒和惩罚。绝无例外！

这个信念可以证伪吗？这个信念的某些部分可以证伪。因为这个信念认为那些对我们不好和不公的人是彻头彻尾的坏人，但有时候我们发现这些人也经常会做些好事。然而，对于罪有应得的观念是很难证伪的，因为即便没有其他人支持我或者相信这样的信念，我也会告诉其他所有的人，人们都误解了这个世界。毫无疑问，我关于惩罚和厄运的观点是最正确的，即使那些对我不公的人没有受到惩罚，但对他们的惩罚总是存在的。当那些不公正对待我的人确实没有受到严重惩罚的时候，我也认为他们之所以还没有受到惩罚肯定有特殊的原因，我坚信在以后的日子里他们肯定会受到惩罚。

这个信念系统理所应当吗？不，即使那些不为我着想、对我不公的人有时会因为他们的所作所为而受到惩罚，我也不能证明：①他们因为对我不好而受到惩罚；②他们具有注定要接受惩罚的命运；③从今往后他们（以及像他们一样的人）会一直因为对我（和他人）不公而被诅咒。我甚至很难证明他们针对我的行为确实是坏的——因为在某些方面他们可能是"好的"，因为其他人可能不认为他们是"坏人"。这个因为某人"罪行"罪有应得的概念意味着某些行为在所有的情况下都是"有罪的"。这个也是难以证明的。

这个信念能证明做得好就会得到好的、令人快乐的结果吗？当然不能！如果我坚信人们必须为我着想，公正地对待我，如果他们不这样做就是坏人，因此他们应该被诅咒和受到严重惩罚，我将很有可能给自己带来一些不幸的结果：

1. 我会感到很生气，总想着报复，因此我的神经系统和身体会被一种有害的方式唤醒。

2. 我会总是想着那些对我不好的人，会花费大量的时间和精力在他们身上。

3. 当我试着对他们的不公行为做些事情的时候，我可能会暴怒，会以一种疯狂的方式与他们吵架，这种方式并不能说服他们或阻止他们的行为。事实上，他们可能会把我看成一个狂怒、不公的人，所以才会故意坚称他们的所作所为是错误的。

4. 我很有可能无法理解为什么人们"错误地"对待我，可能无理地或偏执地将一些他们没有做过的错事强加于他们身上，还会常常妨碍我与他们进行友善客观的讨论以及适当的让步。

正如上述例子所述，如果采取科学的方式来质问和挑战你自己的不合理信念，你会看到这些理念不切实际、毫无逻辑、多是不可改变和刻板的，而且是建立在错误观念和普遍的理所应当基础之上。如果你继续抱持这些不切实际、毫无逻辑的信念，你会经常破坏自己的兴致，做起事情来索然无味。

这类关于不合理信念的分析和讨论是 REBT 中的主要方法之一。如果继续使用这种方法，你会从科学思维中受益匪浅，因为科学思维是到目前为止对付人类痛苦最有效的解药。科学无法绝对保证你可以不因为任何事情而让自己痛苦，但是它绝对会对你大有裨益。

REBT练习3

无论何时你感到难受（焦虑、沮丧、愤怒、憎恨自我或者自怨自艾），或可能跟你自己的基本兴趣对着干（避免你擅长的行为或者对你不愿做的事情上瘾），假设你此时正进行不科学的思考。参照以下举例，发现自己（以及几乎你所有的朋友和亲属）否认科学原则的最常见方式：

不切实际的想法会掩盖生活中的事实

例子：

"如果我对人友好，他们肯定就会爱我，对我也很好。"

"如果我过不了这次考试，我就无法完成学业，最后只能成为一个废物。"

有悖逻辑和自相矛盾的观念

例子：

"因为我非常希望你爱我，所以你必须爱我。"

"当我在应聘面试中失败的时候，这证明我没有一点儿希望了，而且再也不会找到一份好工作。"

"即便我对其他人不好、不公，他们也必须对我公平。"

未经证实和毫无证据的观念

例子：

"因为我伤害过别人，所以我注定要下地狱永世受煎熬。"

"我就是这么独特的人，不管我做什么，结果总是独占鳌头。"

"我有一种魔力，可以让人们做我想让他们做的事情。"

"因为我明显感觉你恨我，所以你肯定是恨我的。"

关于好人有好报和罪有应得的观念

例子：

"因为我是个好人，所以我理应在生活中取得成功，而且命运应该保证我总会遇到好事。"

"因为我没有尽力做到最好，所以我应该遭受惩罚，无处可逃。"

关于强烈的信念（以及伴随信念的感觉）会带来好结果，会带来舒适和幸福的假设

例子：

"你不应该对我不公，但是你这样做了，所以我对你生气会让你对我好一些，而且让我自己开心一点。"

"如果我因为表现差劲而强烈指责自己，这就会让我在之后表现得更好。"

你发现你自己的一些不科学观念，而且正是这些观念导致了情绪问题，使你跟自己的兴趣对着干的时候，使用科学方法对它们进行挑战和辩论。你可以扪心自问：

这个观念现实吗？它是否与生活的事实相反？

这个观念符合逻辑吗？它是否自相矛盾或与我其他的观念矛盾？

我能证明这个观念吗？我能证伪它吗？

这个观念证明宇宙中存在一个好人有好报和罪有应得的规律吗？如果我表现良好，我是否真的会过上美好生活，如果我行为不端，我是否真的活得艰难？

如果我继续持有这种观念（以及拥有这种观念创造出来的情感和行为），是否我会表现良好，得到我所想要的东西，过上更幸福的生活？或者是否继续保留这种观念会让我不那么幸福？

坚持使用科学的方法质问和挑战你的不合理观念，直到你开始放弃它们、效率提高、更享受生活为止。

第₅章

为什么普通的观点不能帮助你克服情绪问题

　　有关情绪问题的理解会帮助你克服情绪问题吗？可能会有帮助，前提是它不是传统的观点或精神分析的观点。

　　传统的观点对你帮助甚少。因为传统观点认为，如果你知道你是如何心绪不宁，这样就会让你不那么神经质。废话！这只会让你变得更疯癫！

　　例如，假设你父母坚信你要成为百万富翁，否则你就是个废物。假如你真的只赚很少钱，那么你现在"因此"就觉得自己一无是处。你憎恨自我"根源"来自这个精辟的"观点"，这可能只会让你憎恨你的父母。或者你恨自己没有好好听父母的话！或者认为他们是正确的：你应该赚 100 万元，如果不按照他们伟大的教导来做，那你就是一个废物。

　　即便这个观点是正确的，也并不意味着它可以自动让你变得更好，除非它可能对你有所帮助，但前提是你正确使用它。然而，这种观点很容易犯错。即使你确实从父母那里获得了自我憎恨的观点，我们仍然最好自问：为什么你要接受这些观点？为什么你现在的所作所为还有这些观念的影子？我们怎么知道如果你父母教育你要一直接纳自我，你还会不会仍然得出"我必须成为百万富翁才是有价值的"的结论呢？

换句话说，传统的"观点"通常是含糊的，很少会告诉你是什么因素真正引发了困扰，也不会告诉你如何做来克服这些困扰。

精神分析的观点是错误的。因为它是建立自许多不同和自相矛盾的猜想之上的，而且它们不可能都是真实的。因此，如果你现在相信你必须赚到 100 万元才能接纳自己，不同的分析师会试图说服你，让你明白坚信这个信念是因为：

1. 你的母亲曾带给你愉快的灌肠（pleasurable enemas）经历，因此你"固着在肛门期"，疯狂迷恋金钱。

2. 在你的无意识中，一袋子钱象征着你的生殖器，因此你痴迷于金钱意味着你想要滥交。

3. 你的父亲对你很严厉，所以现在你必须要赢得他的爱，而且认为你所能做的只有赚 100 万元才能得到他的爱。

4. 你恨你的父亲，你想通过比他赚更多钱来羞辱他。

5. 你的阴茎或者胸部很小，你不得不通过赚很多钱来进行补偿。

6. 你的无意识将钱视为权力，你痴迷的是获得权力而不是赚钱。

7. 你的曾祖父是一个穷光蛋，你现在不得不通过成为一个百万富翁来洗刷家族的耻辱。

所有的这些精神分析的解释都十分相似，但是没有一个非常合理。而且即便其中一个"观点"是正确的，你怎么知道它会帮助你改变你对金钱的痴迷狂热？

例如，假若你真的相信只有赚 100 万元才能赢得父亲的爱，那么这个想法怎样让你放弃获得父母支持的迫切需要呢？去改变，你仍然将会跟这个念头辩论、与之抗争。而精神分析师不会帮助你做这些，他会鼓励你（或你的分析师）继续寻找更棒的"正确"解释。

那么，传统观点和精神分析"观点"不够充分，或者太过了。它们常常会阻碍科学思维，阻止积极改变。REBT 会忽略观点吗？不会。它使用而且教授许多种类的非传统观念，帮助你理解你的情绪问题以及你具体要做什么来消除这些问题。

在 REBT 中，"观点"首先意味着对你是谁的理解。事实上，你是一个人，有许多喜欢和不喜欢的事情，愿意做许多事情来得到你喜欢的东西，不愿做你不喜欢的事情。所以 REBT 会帮助你探索你喜欢和不喜欢的事情，让你知道可以做什么来实现前者和避免后者。

然后，REBT 不仅帮助你理解你"是"谁，还会帮你改变有害的信念、情感和行为。它接纳你的需要、愿望、喜好、目标和价值观，然后帮你实现它们。但是 REBT 会告诉你怎样区分你的喜好和执着，这一点可以防止破坏你自己的目标。REBT 会让你意识到你此时此刻的行为而不是你（或者你可恶的父母！）过去的行为。

安娜贝尔是我的一个来访者，她有完美主义倾向。安娜贝尔感觉完美主义能让她成为一个好作家和出色的母亲，但当她在大卫·伯恩斯（David Burns）的著作《好心情手册》（*Feeling Good*）中看到其反对完美主义时，她感觉十分困扰。她认为，伯恩斯教授告诉她要放弃所有理想目标，只忠于现实和一般的目标，这样她就不会再失望或者沮丧。

"但是，如果我不为理想目标奋斗，那我不可能达到现有成就的一半，"她说道，"那怎么办？"

"确实是这样，"我回答道，"你和许多杰出的发明家和作家一样为理想目标而奋斗，因此你们才取得了卓著的成就。所以，REBT 不是反对竞争或者为了杰出成就奋斗，它支持任务完美主义，而不是自我完美主义。"

"这是什么意思？"

"意思是在每个项目和任务上，你可以尽你所能做到最好，甚至是完美。你可以试着让任务理想化。但你是不是一个优秀的人不取决于任务完成得是否完美。你仍然是一个想要完成完美项目的人，但绝不是因为完成了完美项目才是一个优秀的人。"

"那么，我会不会变成一个无能的人或者坏人？"

"你不会。当你做了不称职或罪恶的行为，你会变成一个做了坏事的人，但绝不是一个坏人。"

"但是，为什么我会向往完美或者杰出成就呢？"

"因为你发现了它们，而这些成就是你所期望的。如果你的成就卓著或者完美，你发现会更期望，更享受它们。但是不管你的成就多么突出，都不会让人成为一个十足的优秀人才。"

"但是我为理想目标奋斗，而当我无法达到这个目标的时候，我会失望，伯恩斯这个说法是正确的吗？"

"是的，但如果你使用 REBT，你就不会憎恨自我。"

"那么我该如何做呢？"

"不要放弃你想要做完美母亲和写出完美作品的偏好，但是杜绝要求或者必须。只要你告诉自己，'我真的很想要写出一部完美的小说，但是我不一定非要做到'，你可以保留任务完美主义，但不是自我完美主义。"

"所以关键的区别在于必须。在写作中我依然可以向着完美主义的目标前进，只要我不认为我必须达到这个目标，而且当我达不到这个目标的时候，也不会将自己视为一个庸俗的作家和差劲的人。"

"完全正确！"

安娜贝尔继续努力让自己母亲的角色和写作工作尽善尽美。但是通过将她完美主义中的必须改变成偏好，她克服了驱使她前来治疗的焦虑。

REBT 有时也会处理你的过去。例如，假如你心烦意乱，很有可能你过去和现在都有定式思维。但是 REBT 主要是向你展示你早年的所做和所思，而很少关于你亲爱的父母和他人对你做了什么。它向你说明你现在是如何思考、感受和行动的以及如何去改变你的弱点。

那么，"观点"可以帮助你看清你是如何折磨自己，以及你可以做什么来进行改变。REBT 使用哲学思辨多过其他形式的治疗，它强调多种形式的自我理解。接下来的章节会讲述许多 REBT 观点，以及你如何使用这些观点来使自己不因任何事情而痛苦。

REBT练习4

试着想想你童年发生的最糟糕的一件事。那次你妈妈在你朋友面前对你严厉的训斥；或者在课堂上你被点名背诵，但是因为太紧张你一句话也说不出来，结果全班人都嘲笑你；或者那次因衣服不合适而使所有人都看到了你半个后背；或者你告诉另一个孩子你有多么喜欢他，而只得到了一个冷漠或负面的反应。

你还记得那件"创伤性的"事件或那些事件吗？你是否仍然认为这些对你的接下来的生活造成了巨大影响？

好吧，实际上它没有！如果你不仔细思考这件事情。

首先，试着去回想或弄清楚，你的内部对话是什么而让这件往事具有如此的"创伤性"或"伤害性"。当妈妈在你的朋友面前训斥你的时候，你是不是告诉自己妈妈不应该这样做，你无法忍受你的朋友知道你的任何负面信息？当你在课堂上因为背诵而过于紧张的时候，你是不是在想，"我必须出色地回答老师的问题。如果我回答不好，被其他孩子笑话，那不很糟糕吗？"当你因衣服不适而使后背露出来的时候，你是不是告诉自己，"穿衣服这么不小心也太丢人了吧！我不能做这种傻事！"

找到小时候让你感到受伤害和伤心的不合理观念。然后找出自我挫败的观念，从那时开始你一直向自己重复这个观念，而且正是这个观念让这个"创伤"事件一直鲜活。

例如："我自己的妈妈当然知道我不好，这也是她一直批评我的原因，她是对的！""我一直不能在众人前背诵流畅，太糟糕了！""我穿衣服像小孩一样马虎，每个人都能看到我是一个懒人。虽然我应该改一下这个毛病，但是我还没做到。我就是一个傻瓜，活该别人嘲笑我。"

使用REBT以及你是如何用必须和要求让自己伤心的知识，来准确地理解小时候你是如何让自己伤心的以及你是如何将这种伤心情绪保留至今的。

第 6 章

REBT观点1：
学会区分健康和不健康的情感

本书中所说的"观点"是指需要你理解并实践的内容。觉察是改变的第一步。对自己创造痛苦的信念、情感和行为觉察得越清楚，摆脱它们的机会就越大。

一如既往，我们先从痛苦的情感开始说起。怎样才能觉察到自己的情感以及情感是否健康呢？

这个问题的第一部分非常容易回答：可以仅仅通过问自己"我感觉怎样"便可以回答。

当然，有些时候你可能有防御性，可能否认自己感到焦虑或生气，因为承认这类"不好的"情感让你感到羞愧。

然而，你通常也不会这么防御。如果严重焦虑或抑郁，会让人感到特别难受，让你不得不坦率承认这些痛苦的情感存在，至少对自己会很坦率！这种痛苦很容易被觉察到，也很容易被承认。

但是这些不舒服的情感是否健康呢？哎，这个问题就比较难回答了。

但是 REBT 会传授你一个秘诀，因为 REBT 是唯一可以明确区分健康情感和不健康情感的心理治疗体系。

到底要怎么做呢？在此，需要具体说明观点 1 的内容：当你在实现目标和满足需求过程中遇到阻碍时，你就会创造健康和不健康的情感。

你最好能学会如何明确区分健康和不健康的自我诱发的情感反应。许多其他疗法，比如约瑟夫·沃尔普（Joseph Wolpe）的行为疗法和理查德·拉扎勒斯（Richard Lazarus）、艾伦·贝克（Aaron Beck）以及唐纳德·梅肯鲍姆（Donald Meichenbaum）的认知疗法，也强调诸如极度悲痛和恼怒之类的强烈情感，并把它们归入抑郁和愤怒的情感类型中。

REBT 比上述疗法更明确。REBT 认为，强烈的悲伤、恼怒和担心是健康的，因为它们能帮你在遇到事与愿违的事件时表达内心的不快，而且还可以让你努力改变这种不佳状况。但是 REBT 将抑郁、愤怒和焦虑定义为（几乎总是）不健康情感，因为它们源于自身不切实际的要求，即不愉快的事件绝对不能存在；而且当不愉快的事件确实发生时，不健康情感通常会对你去改变这些事件产生干扰。

与其他心理治疗不同，REBT 不仅告诉你如何感受消极（积极）的情感，还告诉你如何区分这些情感是否健康。它不仅鼓励你去感受自己的情感，还强调权衡这些情感是否有利的重要性。你真的需要这些情感吗？它们给你带来了哪些或好或坏的影响呢？

例如，如果你担心失去工作，你会尽力按时上班，努力工作，跟你的老板和同事好好合作。然而，如果你对失去工作过度担心或者严重焦虑，你会沉溺于这种情绪，工作起来心不在焉，而且对你力所能及的事情也会失去信心。

这样会有什么后果呢？失去那该死的工作！或者边工作边遭受折磨，或者工作时承受巨大的痛苦。

再次，如果心爱之人拒绝你，你会感到失望和后悔，你会去找寻被拒绝的原因，去再次赢得那人的爱，或者去找一个更合适的伴侣。但是如果你对那个拒绝你的人生气，你可能会怨恨他，两人不但做不了朋友，而且还会反目成仇。如果你因为被拒绝而十分抑郁，你会社交退缩，而且认为自己十分不招人喜欢。

失望和后悔通常是健康的情感，有助于承受不良事件，让你为更幸福的未来而奋斗。另一方面，惊慌、抑郁和暴怒则是不健康的情感，它们会干扰你积极应对事情，而且阻碍你改善自己的生活。

那轻微或中等程度的焦虑或愤怒呢？难道这些情感不能鞭策你同生活中的困难作斗争吗？它们是不是也是有益的？

并非如此。几乎任何消极情感偶尔都会有用处。极度惊慌可能会让你精力充沛甚至可以逃脱森林火灾。强烈的愤怒可能帮助你与不公平的官僚制度抗争。

但那仅仅是偶尔！一般情况下它们几乎没用。

极度惊慌一般会让你魂飞魄散、呆若木鸡，那么你就不能从火灾中顺利逃脱。当你遭遇不公的时候，强烈的愤怒通常会让你焦急万分而不是有所作为，而且如果当你盛怒之时采取行动，多是不经思考便去与人打架。

面对这些，你有更好的选择。逃离火灾现场的时候，你可以选择非常担心而不是极度恐慌。关于不公，你可以决定对此非常生气，而且决定与其斗争到底。

当你这样选择时，很可能会有更好的结果，而且非常肯定的是你的身体会承受更少的伤害。

REBT 认为，你可以选择十分担心自己的安全又或选择为自己的安危惊慌失措、大惊失色。同样，对于不公，你可以选择非常生气然后决定改变这种不公，又或者选择冲动地勃然大怒。

你需要关注这些不愉快的事情。因为你的关注、注意、在意和警惕可以帮助你保持安全、收获满意；然而如果过度担心、焦虑、惊慌和大惊失色则会让你处于危险境地或者始终达不到满意的状态。同样，当你被不公对待，你可以选择健康的生气、遗憾、失落，并决定去改变这种不公平的状况；或者你可以选择不健康的愤怒、暴怒、狂躁、嗜杀成性——继而哀号抱怨，无所作为。

　　你能明确区分不健康和健康情感吗？不一定，因为你的情感不可能是纯粹的，因为它经常包括健康和不健康的成分。面对火灾时，你可能同时存在理性的担心和不理性的过度惊慌两种情感。第一种情感何时结束，而第二种情感又何时开始呢？

　　REBT 可以给你答案。REBT 认为，当你为健康而担心时，你会合理地想要、希望和愿意去避开危险。同样的，当你因为危险过度担心、惊慌或大惊失色的时候，你怀着同样的希望想要避开危险，但不同的是，此时你坚持自己必须避开危险。你应该选择合情合理地、明智地希望避开危险。这是因为不应该总是希望心想事成，应该直面内心不喜欢的事情吗？

　　其实并没有特别的原因！因为，这些刻板的要求是不合理和自我挫败的，比如你总是必须要得到你想要的一切。然而世界没有亏欠你，不能让你总是心想事成。如果你盲目地要求所有的喜好都必须要满足，这反而会阻碍自己得到渴望之物。

　　我曾说过 REBT 比其他的心理治疗系统更加理性。现在你应该对此有了一定的了解。当你心烦意乱的时候，REBT 的观点 1 认为你同时具有健康和不健康的情感。通常（不是总是），你可以通过辨别情感所伴随的认知成分（信念和感受）来区别两者。

　　健康的情感来自这样的内部信念，比如，"我非常想要避开这场大火但是我不一定要逃离，之后也会生活幸福"以及"我非常讨厌不公平，立志要与之斗争到底"。

　　不健康的情感源自严苛、专横的内部信念。比如，"我必须避开这场大火，因为我必须活着，必须幸福！"还有："我恨那些对我不公的人！他们绝对不能这样做！不论付出什么代价，我必须要阻止他们，让他们知道他们必须要公平地对待我！"

　　现在我们来回顾一下 REBT 观点 1："当你在实现目标和满足需求过程中遇到阻碍，就会创造健康和不健康的情感；你可以学会如何明确区分这种自我创造出来的情感反应，学会区分情感具有很重要的作用。"通过使用 REBT 中的 ABC（下一章即将讲述），你可以学会如何区分两种情感。

REBT练习5

让我们回到第2章，再做一次区分健康和不健康负面情感的 REBT 练习。同时，也要试着看清健康和不健康积极情感之间的差异。

想象你在某些领域成绩斐然，比如，打网球、表演、写作、绘画或者经商。让你自己为这些成就感到开心。

那么，现在请观察这种开心的情感。你是因为这些成就而单纯地开心和喜悦，还是感到你很伟大，自己真的很伟大，你所有的一切都很伟大（请你务必坦诚地回答）？你是否感觉自己像个伟人，一个高贵、神一般的、几乎像超人一样的人？

如果你感觉自己是一个高贵、超人类、自命清高的人，那么根据 REBT 理论，你此时正经历着不健康的正面情感。因为此时你处于一种夸大的、自我中心的状态，你认为自己高高在上，比其他任何人都优秀。你从"我的表现很出色"的观点直接跳到"因此我是一个无与伦比、伟大的人"。

这很危险，因为当下次你不能做到如此出色时，你又会觉得自己变成一个笨蛋！而且即便下次你做得很好，但是你也会焦虑下下次会做不好。所以最好去欣赏自己的良好表现，但不是因为表现出色而把自己奉若神明。

当你真的感觉自己如同神明或者高贵无比时，请你去觉察信念中的应该和必须。比如："我所做的都是我应该做到的。只有这种成功才能让我觉得自己是一个优秀、有价值的人。""此刻我的表现如此出众，人们会认为我是一个不可思议、神乎其神的人。我需要他们用这种眼光来看我，这样我才能接纳自己，才能有一个幸福的人生。"

当你感受到不健康的消极情感或积极情感的时候，将这些情感的不利之处列出清单。在这个过程中你会发现，当你有抑郁、内疚或者自我憎恨之类的负面情感时，你会很容易就列出它们的不利之处。要知道不

健康的正面情感也存在明显的不利之处。因此当你感觉自己非常伟大或
者高人一等的时候，下面是这些情感可能给你带来的不利之处。

- 异想天开地认为你会一直表现出色。
- 总是用自我中心、自大、令人反感的方式对待他人。
- 认为自己是那么伟大甚至于不用努力就能在将来表现出色。
- 会因担忧丢脸或让钦慕你的人失望而焦虑。
- 认为自己必须表现出色，如果不这样，你会觉得糟糕透顶，并保
  持这种信念甚至变本加厉。
- 在自己擅长的领域投入过多的精力，忽略生活的其他方面。
- 变得越来越关注自我，而不再关心别人或时常误会别人，以致毁
  了你的人际关系。
- 竭尽全力让自己一直表现出色，这样会让你把自己置于巨大压力
  之下，而且这样可能影响到你的身心健康。

请扪心自问，当你感受到不健康的正面（或负面）情感，你是否给
自己带来了以上或者其他不利之处。如果你确实遇到了这些不利之处，
再一次核实一下让你创造出自我挫败情感的内在要求和自我命令吧，努
力与之斗争，努力摒弃他们。

第 7 章

REBT观点2:
你的情感你做主

许多现代的心理治疗（尤其是精神分析）让人们逃避他们应为自己神经症所负的责任，但 REBT 不是这样。20 多年前，《今日心理学》（*Psychology Today*）就用"绝不逃避的心理治疗"命名 REBT，应该说 REBT 称得上实至名归。

需要澄清的是，REBT 并不是（如一些极端狂热分子所述）说你要为你的心烦意乱负全部责任。你不用负全部责任。如前面所述，你会被遗传和后天学习所影响，这些也会让你变得心烦意乱。虽然如此，但是在一定程度上，你可以掌控自己的情感命运。在某种程度上，你可以选择多久一次或者多么强烈地打乱自己的情感状态。然而，你听从父母和老师的教诲，你延续他们的无理取闹，你选择沉溺于惊慌和绝望中——即使当你知道如何停止这些情感的时候。

是的，这个人是你自己。

如果说你的情感如何是由外在因素决定的，那这将是非常幸运的事情。

因为如果情感问题让你不知所措，如果真的是外在环境让你如此神经质，你要怎么做才能帮助自己摆脱困境呢？你所能做的，少之又少。

但是，如果主要是你，而不是别人，创造了你的窘境，那么你就有改变这种命运的可能。因为不管你选择了做什么，你同样可以选择拒绝这样做；不管你选择了如何思考和感受，你也可以拒绝这样思考和感受。这就是 REBT 观点 2：创造了让自己心烦意乱的信念和感受的人主要是你（但不是完全、全部），因此你拥有控制和改变它们的能力。前提条件是你接受这个观点，而且努力练习使用它。

现在，让我简单介绍一下 REBT 中著名的 ABC 理论。A 代表了诱发事件，它通常是一些阻碍或挫败你实现重要目标、需求和喜好的事件。例如：你想要获得一份工作，但是你在面试中失利而没被录用。A（诱发事件）是你的失败和被拒绝。

集中注意力！在 REBT 中，我们将从你的目标、目的、需要和价值观着手了解情绪困扰的 ABC。现在带着目标进入 ABC 之旅吧。

先来想一想，针对你有时会让自己苦不堪言的情况，你有哪些主要目标呢？

第一，你要活着；第二，你要让自己感到满意或者幸福。一旦降生到这个世上，你就会有生存下来和为了幸福而奋斗的强烈生理倾向。如果你生无可恋，那你就不可能有改变的动力。而且如果你没有想要获得幸福的欲望，即目标，那你就有可能不愿苟活于世。所以你需要活下去和追求幸福的目标，这是一种天生的倾向，可以帮助延续你和你的种族。

你想要怎样的幸福或满足呢？

- 当你独自一人的时候？
- 当你与他人共处的时候？
- 当你与一些特别的人亲密接触的时候？
- 当你在生意或事业上风生水起、维持生计的时候？
- 当你参与艺术、科学、体育或者其他娱乐项目和创造性行为的时候？

当你有了想要幸福生活的愿望，就为你学习、使用 ABC 带来了动力，确立了目标。你希望实现目标，然而你遭遇了 A（诱发事件）；当你感到痛苦、当你行为表现愚蠢可笑（C，是 A 和 B 的结果）的时候，看起来你的目标通常是因为 A 而受到阻碍。

至今我们了解了：

- G——得到你所期望的目标（尤其是成功和支持）；
- A——阻碍目标的诱发事件（尤其是失败和拒绝）；
- C——G 和 A 的结果（尤其是焦虑和抑郁的感觉以及自我挫败行为，比如回避或成瘾行为）。

不管何时你的目标（G）被不幸的诱发事件（A）阻碍，不论何时你感到心烦意乱（C），你都倾向于错误地责怪 C 和 A。因此，你会说"我因为 A 而失败，遭到拒绝，因此我感到沮丧（C），是 A 引发了 C。所以说是失败和拒绝让我感到沮丧的"。

错！如果这样认为就大错特错了！

A（失败或拒绝阻碍了你的目标）促成 C 的出现，但绝不是真正引发了 C。

为什么这么说呢？很明显，因为如果有一百个人拥有相同的目标（希望得到一份工作），他们的目标都因为 A（被拒绝）而未能实现，是否他们所有人都会产生相同的 C，感到相同程度的沮丧呢？显然不会。

有些人会非常沮丧甚至会自杀；有些人会感到失望和遗憾，但不是沮丧；有些人会感到释然或无关紧要；有一部分人甚至会感到开心。为什么？因为这一部分人心里觉得，他们想要应聘的工作并不合意，所以他们宁可不被聘用。

所以，你可以看到，诱发事件（A）虽然可能促成了这些情感的出现，但没有直接导致情绪失常的结果（C）。

这不是 REBT 的新发现，许多哲学家早已指出这一点。大约 2500 年前，古希腊和古罗马的斯多葛学派就已经发现了。他们其中一位杰出的思想家爱比克泰德，在公元 1 世纪就已将这个思想表述清楚："人们并不是被事物所扰乱，而是被他们自己持有的观点所困。"莎士比亚在《哈姆雷特》中再次陈述："万事万物本无好坏之分，只是人的想法将其使然。"

可以说 REBT 中关于情绪困扰的 ABC 理论有一段光荣的历史。但 REBT 不是完全的斯多葛学派，你在后面会看到。REBT 同意爱比克泰德的观点：主要（不是完全）是你创造了你自己的痛苦。其实你可以选择不这样做。

你如何防止并消除自己的心烦意乱呢？通过学习 REBT 中 ABC 理论中的 B 可以帮助你实现这一目标。

B 是什么呢？

REBT 中的 B 是信念—情感—行为。REBT 称为信念—情感—行为是因为它包含这三个过程。但是这本书中，我们将主要使用"信念"这个术语。

你可能意识到或者意识不到你的信念，它们可能存在于意识或者无意识中。你可以通过语言、图像、幻想、符号以及其他多种方式来表达它们。如果你希望清晰地理解信念并渴望使用信念来改变自己，那么你最好在意识中用言语将其表述出来。你可以自己消除那些你制造的导致痛苦的信念。事实上，REBT 其中一个优点就是，它告诉你许多改变自己信念的方式。

在本书中，我将会着重强调：当你不必要地使自己痛苦时，你主要使用以下两种类型的信念。

1. 合理信念

合理信念是指一些想法，这些想法可以帮助你感觉健康、行动有效，能让你得到更多你想要的，更少你不想要的。它们包括对你生活中正在发生事情的"冷静的"和平静的看法。例如："这个面试官朝着我皱眉，他可能并不看好我。"这是一个"冷静的"想法，因为它告诉你面试官在做什么，而不是你如何评估或评价他的行为。

如果你审视合理信念中的"热的"（warm）想法，你可以更好地理解自己的情感。例如："因为我想要得到这份工作，所以我讨厌面试官冲我皱眉头，我希望他可以不再皱眉头，而是对我笑容满面。"这类"热的"想法表达了你的需要、希望、喜好和厌恶。它们根据你的基本目标评估或评价正在发生的一切。

"热的"合理信念是不刻板的，它的基础是可能性而不是必然性。例如：“如果我得到这份工作，我很有可能非常喜欢它，但是事实上我也可能不喜欢。即使我非常喜欢这份工作，我也不必一定要得到它或者拥有它——尽管如果我真的得到这份工作可能真的会非常棒。”

2. 不合理信念

不合理信念是指一些想法，这些想法可以让你感觉不健康、行动无效率，让你得到更少你想要的，更多你不想要的。它们始于一些“冷静的”想法（“这个工作的面试官似乎不喜欢我”）以及一些“热的”想法（“我希望他会喜欢我，而且我恨他不喜欢我、不录用我”）。但是它们也包括“过热的”想法，这种想法时时刻刻评估着正在发生的事情，而且它们通常是专制、刻板、权威的。例如：“不管怎样，我必须让这个面试官喜欢我并且录用我！如果他不这样做，那就太糟糕了！我无法忍受！如果我失去这份工作，那就说明我是一个没用的、一文不值的人，我再也不能找到这样一份好工作了。”

集中注意力啦！REBT 并不认为所有的情绪困扰都是来自不合理信念，因为可能还有其他重要的原因；REBT 也未声明所有的不合理信念都会导致情绪困扰，因为（约翰·杜威曾经说过）许多不合理信念不会导致情绪困扰。例如，你可能不合理地认为所有的女人都很疯狂，吃海龟可以治疣，二加二等于五，但是你可能不会因此而痛苦。如果你相信这些（以及其他的）不合理信念，你可能行动起来效率会很低，但是也可能不会扰乱自己。

REBT 只是主张当你固执地持有某些不合理信念时（比如你苛刻地要求自己必须表现良好，必须获得别人的支持，别人必须公平地对待你，而且总是应该生活在轻松愉悦的环境里），你将会有可能让自己产生不必要的痛苦，可能会使许多宝贵的目标落空。

接下来进一步说明，当你有意、无意地选择了这些专制的、应该、必须和一定要的不合理理念时，你也拥有有意识地探索和改变这些不合理信念的能力。

因此，让我重述一下观点 2：创造了让自己心烦意乱的信念和感受的人主要是你（但不是完全、全部），因此你拥有控制和改变它们的能力。前提条件是你接受这个观点，而且努力练习使用它。

更具体一点说：如果努力寻找并击败你的不合理信念，你就可以消除自己的痛苦。

乔治是一名 25 岁的男性，他听闻 REBT 专门处理不合理信念，所以前来找我咨询，因为他"不合理地"对几乎每一位他见过的 40 岁以下的女性都有强烈的欲望。

我很快给乔治指出，你主要有一种与许多女人发生性关系的强烈喜好，但这不一定是不合理的，只要它只是一种喜好。他的合理信念是"我非常喜欢性爱，而且希望与我见过的每一位女性都有鱼水之欢"。

他主要的不合理信念是"我绝对不能有这么强烈的性欲！我应该在选择做爱对象的时候要更加慎重，而且只能跟我真正喜欢的女性做爱"。

"为什么这个信念不合理呢？"乔治在承认有这种信念的时候问我。

我答道："因为这是一个要求，不是需求。你可以理性地减少性欲，甚至完全没有性欲。但一旦你对自己说'我必须要克制！我必须不能有性欲！'你会变得对此更加痴迷，而且性欲可能会更加强烈。不仅如此，你将不能有计划、有步骤地减弱性欲。所以你要降低性欲的决定会给你带来麻烦。它会让你感到焦虑和负罪。"

"确实是！"乔治大声说。

"所以你最好看清楚你真正的不合理信念是什么。"我指出。

"你的意思是我有强烈性欲是一个合理信念，而我的不合理信念是认为它是不合理的，对吗？"乔治说。

"非常正确！用 REBT 的术语来说，你对合理信念有一个不合理信念。现在，如果我们帮助你放弃这个不合理信念，即你必须不能有性欲，你可以继续持有这个合理信念，性爱是非常享受的，或许你还可以体验更多的性爱，并享受这个过程而不是因此感到焦虑和自责！"

"我明白了！"乔治说道。

在我的帮助下，尽管乔治很容易地看到了合理信念和不合理信念之间的差别，但是在开始消除不合理信念的时候他遇到了麻烦。因为他在 D（与不合理信念斗争）中问自己，"为什么我必须不能与很多女性做爱？为什么这样做我就是错的？"接着他自己回答，"我可以有强烈的性欲，因为我也是一个正常人。"

这是一个不符合现实的回答，因为他很快意识并开始思考："其他男人不像我这么饥渴。我的性欲如此旺盛，可能在这一方面我是不正常的。如果真的是这样，那我就是一个烂人！"

乔治在想出这个答案时，仍然感到焦虑和负罪。我告诉他，产生负罪感，并不是一个良好的问题解决方式，REBT 可以给他更好的问题解决办法：第一，告诉乔治这是他自己的喜好；第二，他需要理解，即便他的性欲不同寻常，即便纵欲过度是不合理的，那这也只能说明他是一个有着"不正常"性欲需求的人，但他不是一个"不正常"的人，或者烂人。因为 REBT 教导人们如何停止诅咒，如何完全接纳自我，即使他们的有些行为是愚蠢、错误和不道德的。

不管怎样，当乔治看到他的合理信念和不合理信念之间的差异，当他努力消除不合理信念的时候，他最终变得不再为自己的强烈性欲而焦虑和负罪。有一次，当他愚蠢地花费几周时间冲动地与数名女性发生性关系的时候，而忽略了自己的零售生意，他意识到，虽然自己的行为是愚蠢且自我挫败的，但他自己并不是一个愚蠢的烂人。自此之后，他能够更加理智地处理自己滥交的欲望。

通过理解以及努力应用观点 2，乔治做到了为自己的情感做主。虽然有时他还会因为自己的冲动性行为感到羞赧，但并不会因此抑郁。

REBT 练习6

试着回想最近一次令你感到焦虑的事情，比如因为考试、打一场重要的比赛、工作上要求升职或加薪而感到焦虑或惊慌。假设你因为思考合理信念或喜好以及不合理信念或强烈要求而创造了这种焦虑情绪。

- 合理信念或喜好的例子："我非常想要通过这个考试，但是如果不通过，我也可以之后再努力通过。而且如果我永远过不了这个考试，我仍然可以幸福地生活。"

- 不合理信念或要求的例子："我必须通过这个考试，如果我过不了，那我真是一个蠢人，以后也不可能得到我所想要的一切。"

现在想一下最近一次因为失败或拒绝感到沮丧的事情。再一次假设，你通过告诉自己合理信念和不合理信念而创造了这种沮丧情绪。找到它们！

- 合理信念或喜好的例子："我非常想要赢得这场比赛，但我也可以接受输掉的事实，而且下次可以试着打得更棒。即使输掉很多比赛，我也可以享受打球的乐趣。"

- 不合理信念或要求的例子："我绝对应该赢得这场比赛，因为如果我输了，那我就是一个奇差无比的选手，是一个无用之人。"

回想当你生气或者暴怒的时候，我们再一次假设，你因为持有合理信念或喜好以及不合理信念或神一般的要求而让自己愤怒。

- 合理信念或喜好的例子："我非常希望我的老板能看到我配得上一个更高的职位而且给我加薪。既然他没有慧眼识珠，很不幸他不赏识我的工作，这真是很糟糕，但这也不是世界末日。"

- 不合理信念或要求的例子："因为我是一个好员工，我的老板绝对应该赏识我而且给我加薪。既然他不欣赏我，那他就不是什么好人，活该失去他那摊子破生意！"

不管何时，当你感到焦虑、沮丧、暴怒、情绪低落或者自怨自艾的时候，请仔细寻找直到你找到你的合理信念和不合理信念。你的合理信念只是表达你的喜好和厌恶：你想要什么，不想要什么。而你的不合理信念则表达的是你无条件的必须、应该和一定要，这时你对自己、他人和这个世界是神一般的要求和命令。多加练习，直到你能轻易、自动化地看清这两者之间的差异。努力接受这个现实，即不管你的目标和希望多么合理和恰当，事实都很难达到那些不合理的苛刻和无条件的要求。

第 8 章

REBT观点3：
专横的 "应该"、"必须" 和 "一定要" 信念

你用来扰乱自己的主要不合理信念具体有哪些呢？我们将会在本书中陆续为大家展示很多不合理信念，这些不合理信念可能是你从别处学来的，也可能是自己发明创造的。

你最重要的不合理信念是 "应该"，或者你虔诚地追随卡伦·霍妮所说的 "专横的应该"。

在霍妮的指引下，我们得出了观点 3：通过持有专制的不合理信念，尤其是固执地相信无条件的应该、必须和一定要，你创造了不必要的和神经质的痛苦。

你是怎样获得或发明这些破坏性 "一定要" 信念的呢？

很简单！作为一个人，首先我们所有人生来就很容易受父母或文化的影响，而且容易轻信其中的清规戒律。更糟的是，你有创造规则和规定的天赋，而且固执地认为你（和其他人）都应该遵守这些规则和规定。

同所有人一样，你是天生的推理者和问题解决者。但你也是合理化

（防御机制的一种）、自我欺骗和盲从的主人。

你会符合现实地思考，也会扭曲地思考。事实上，你拥有足够的智慧，可以让自己幸福地生活；同时你也足够疯狂，让自己不理性、无逻辑、前后矛盾。人类漫长的历史也清楚地说明了这一点。

你很容易就会开始愚蠢地思考，所以你的想法常常催生情绪困扰。1956 年，在芝加哥举办的美国心理学会年会上，我发表了第一篇关于理性情绪行为疗法的论文，其中描述了 12 种主要的不合理信念。

心理学家们很快就对这些不合理信念产生了浓厚的兴趣，并开始了关于不合理信念的测试。截至目前，已有数百项使用这些测试的研究发表。这些研究中，超过 90% 的研究支持 REBT 的观念，即情绪困扰的人比没有困扰的人有更多不合理信念。

在我的引领下，许多其他治疗师创造了关于扭曲思维（crooked thinking）的测试（比如贝克抑郁量表，Beck depression inventory），而且目前使用这些量表的研究也数以百计。同样，研究结果几乎都显示，情绪困扰的人比没有情绪困扰的人有更多不切实际、教条主义的想法。

这种对不合理信念的广泛兴趣引发了一些坏的和好的结果。人类创造了成百上千的不合理观念，这些影响了他们的情感，可能让他们行动效率降低。但不是所有的不合理观念都会导致神经质。

如果你相信自己是一个出色的扑克玩家而实际上你并不是，你可能傻傻地向真正的优秀扑克玩家挑战——结果常常输牌。无论如何，如果你不合理地相信你必须是一名杰出的扑克玩家，你应该持续向他们显示你有多么优秀，那么你可能就会冲动地赌一把，而且即使你一直输你也要一直赌下去。

在 1956 年我描述了 REBT 中 12 种基本的不合理信念之后，我继续探索来访者身上存在的不合理信念。令我吃惊的是，我发现我可以把最初的 12 种不合理信念概括为三大类不合理信念，而且这些全都是用"一定要"代替了希望。创造情绪问题的三种基本的"一定要"是：

1. "我一定要表现良好并且赢得重要人士的支持或者我一定要赢得重要

人士的认可，否则我就是一个不够好的人。"

2. "你一定要公平地对待我，为我着想，不能让我很生气，否则你就是一个烂人！"

3. "我的生活环境一定要提供给我所想要的一切，应该让我远离伤害，否则生活就难以忍受，我也再不会幸福了。"

当我将之前发现的不合理信念概括为这三种基本的"一定要"信念时，我同时发现来访者其他令人苦恼的信念也不是独立的，它们都有意或无意地与"一定要"信念有关。

以最为著名的不合理信念为例，我将其命名为糟糕化或恐怖化（awfulizing or horribleizing）："如果我在这项重要工作中失败那就太糟糕了，如果人们因为失败而拒绝我那就太恐怖了。"

这是一个疯狂的念头。因为对你来说，失败了可能确实很不幸，被拒绝也很难堪，但当你用糟糕和恐怖描述失败与拒绝的时候，你就在暗示它们不只是不好或者是 101% 的难堪，当然，也不可能 101%。它们甚至都不是 100% 的不好，但通常情况你会觉得更差。当你失败或被拒绝的时候，如果你用这种方式过度概括或脱离实际，你就会让自己感到惊慌失措且抑郁（而不是适度地抱歉和灰心）。

为什么像你这样的聪明人会有这种愚蠢的、不切实际的糟糕化信念呢？我认为，主要是因为你从一个有意或无意的"必须"信念开始，然后你就会轻易地、"符合逻辑地"从这个"必须"得出你的糟糕化信念。因此，你从"我绝对必须出色完成这项工作"开始，"合理地"得出了这样的结论："因为我的表现没有达到'绝对必须'那样的标准，这真是太糟糕了，这可不只是难堪，这是要多坏有多坏，这简直是世界末日！"

如果你只是喜欢表现出色，而绝不将其升级为可怕的必然、必须，你还会糟糕化自己的不佳表现吗？我认为几乎不可能。因为你对喜好的表述为："我喜欢出色完成这项工作，但是我不必一定要做到出色。所以如果我失败了，是很不好，但也不至于那么糟糕。"

我们再看一下另一类的不合理信念：归己化（personalizing）以及全或

无的思维方式："我的深爱之人拒绝了我，肯定是我表现太差了。我就是一个这么差劲的人，总是会被拒绝，而且永远不能被我所爱之人喜爱。"

这些想法是不合理的，而且是自我挫败的，因为

1. 你可能根本没有表现得很差，你被拒绝是因为你爱的那人有独特的品位或对你有成见。事实上，你可能表现得太好了以至于你心爱的人会认为你太优秀了，因此他最好拒绝你，以防之后被你拒绝。

2. 即便你跟心爱之人在一起的时候表现很差并且因此被拒绝，那你也不能说自己是一个差劲的人，你只是这次表现不佳，你完全可以学习如何在将来表现更好。

3. 仅仅因为现在被拒绝，并不能说明你之后总会被拒绝且永远不能被自己心爱之人接受。如果你不失去信心不断尝试，就不会觉得自己是一个不被喜爱的人。因此，可以说这是一个过度概括化的信念。

我还是要问，像你这么明智的人为什么会做出这样疯狂的结论呢？

因为你不只是单纯地想要被接受。如果你只是想要被接受，那么你就会对自己说，被拒绝真讨厌，我要继续尝试，在将来赢得别人的接受。如果你只是想要被接受，当你爱的人拒绝你的时候，你会责怪自己付出的努力，但不会怪自己。

如果不是单纯地想要被接受，那是什么呢？我们可以这样想想，假设你对自己有"必须被接受"的不合理要求，比如，"对于我爱的人，我必须赢得他们每个人的爱，而且绝对不能被拒绝！"接下来，你就会很容易、很自然地总结道："因为我曾被拒绝过，所以我绝对不能再被拒绝。再被拒绝的话，那肯定是我表现太差了，我是一个差劲的人，肯定再也不会被爱了！"

接下来 REBT 会呈现你如何用绝对化的应该、必须和一定要使自己心烦意乱。REBT 认为你可以持有有条件的和有逻辑的必须。比如，"如果我想读这本书，我必须去买一本或者复印一本""如果我要在大学获得学位，我必须令必修的科目及格"。这些传统的必须只是在说，"如果你想要得到什么，那你必须有所行动才能得到你想要的东西"。这种类型的必须是（虽

然不总是）现实的，可以帮助你做出明智的行为。

REBT 在认可你现实的必需的前提下，告诉你如何去查找你无条件和无逻辑的必须。比如，"即使我无法得到这本书的复印本，我也必须读这本书""尽管大学里每门课我都挂科，但是我非常需要一个学位，所以他们也应该给我学位"。

REBT 将这条规则融入到观点 3 中：不断寻求、探索你让自己心烦意乱的不合理信念，就是那些应该，那些必须！找到你刻板的应该和必须吧！

使用 REBT，你会很快找到这些必须，看到自己因为固执地持有这些观点而庸人自扰。如果你去寻找，就会看到。

第一次被心爱之人拒绝的时候，桑德拉感到很糟糕、很可怕，因此以后每次这样的时候，她就对自己说绝对不能被拒绝。然而她一直坚持认为，她只是有被爱的强烈愿望，而不是要求。

我则十分怀疑。我说："让我们假设你只是非常想要拥有你的爱人，也不一定不能失去他。那你对拥有和失去的完整信念是什么呢？"

"呃，我想，我非常想要他来爱我。如果他不爱我，那就太可怕了，我无法忍受！"

"你是否在暗示，如果你只是并不苛求地希望他来爱你而他不爱你，你会觉得有些难堪，但不是觉得可怕，对吗？"

"是的，只有当我觉得自己强烈地想要得到他的愿望被阻碍时，我才会感到糟糕、可怕。"

"但是假设你相信'我非常想要我的爱人爱我，但是他真的没有必须爱我的责任。尽管我真的很希望他爱我，但我真的也可以不需要他爱我'。这样的话，如果你失去他，你会有什么感觉？"

"嗯，如果我真的相信他不必爱我，我不需要他爱我，我猜如果没有他，我还可以继续生活，事情可能没那么可怕，但可能非常挫败，不那么理想。"

"看，如果你不把'他爱你'当作必然的事情而只是一种强烈的愿望，你会感到非常受挫和难堪，你越是希望他爱你，那你就会越难堪。但是当你把它当作必然的事情，'因为失去爱人是那么不幸的事情，那我必须让自己不那么难堪。而且，如果让我感到那么挫败，我是绝对不应该承受如此失败的，那失去爱人真的太糟糕、太可怕啦！'这时你就将自己巨大的为难变成强烈的恐怖，让它变得糟糕。"

"所以，我对失去爱人的糟糕化信念其实来自我关于巨大损失的'一定要'要求？"

"难道不是吗？如果你只是单纯地希望被爱，你会不会对自己说'虽然我讨厌失去爱人，但是难道有什么理由使我一定不能失去他吗？'"

"是的，我想我会这样问自己的。"

"那么你会不会这样总结，'因为没有理由我绝对不能失去他，如果失去他，这将令人非常难过，但也不会是世界末日，不会那么可怕，我仍然可以是一个幸福的人——尽管可能没那么幸福？'"

"嗯，我可能会这样总结。"

"我想你会的！你的糟糕化和可怕化主要来自你对'这种失去绝对不能发生'的要求和必须。"

"如果我对自己说'失去他太糟糕了！'是不是我接着说这种失去绝对不能发生？"

"不一定。你可能只是使用糟糕这个词来形容'失去他很不好'"，这可能只会让你感到健康的悲伤和受挫。但是，也有可能，当你对自己说'失去他太糟糕了'时，其实你还想说'这不只是不好，事情必须不能这么差，我不能忍受这么差！'在这里，你的必须就很关键。因为得不到梦寐以求的爱可能的确很不好，会让你感到非常伤心。但是当你告诉自己这种程度的差劲绝对不应该存在时，这种不只是不好的信念会让你脱离现实而且会让你严重焦虑和抑郁。看到这两者的区别了吗？"

"我想我看到了。但是要想看清楚这两者的区别，而且一直都看到这些区别很困难啊。"

"对！而且，一旦你对自己说'我绝对不能失去我的爱人，如果失去他，那就太可怕了'，那么你就会用循环的方式再加上'正是因为失去爱人太可怕了，所以这种伤心事一定不能发生，绝不能存在！'接着你就会傻傻地认为你的必须不能发生是由于可怕化的信念导致的。"

"其实只有第二个必须在作祟！你是这个意思吗？"

"是的。你对失去爱人提出了必须不能的要求。因此你将这种伤心事定义为可怕的事情。接着你将'这类可怕的事情必须不能存在！'的要求达到了可怕化的程度。当遇到不如意的情况时，你产生了一级和二级的'必须'信念。因此，你会经常存在主要和次级心理困扰。"

"就是因为我告诉自己坏事或'可怕'的事情绝对不能发生在我身上，所以我让二者都出现了，对吗？"

"对，你说的这一点很重要。你可以认为，中等程度坏、非常坏以及所谓的可怕的事情必须不能发生。在这些情况下，即便是中等程度的坏事，你其实也不必为之困扰。当你说服自己，即便生活中一些非常糟糕的事情，比如令人痛苦的死亡，应该而且必须在某个时候出现，因为它们确实是自然规律，你可能会感到悲伤和沮丧，但不会严重焦虑和抑郁。"

"现在我终于明白，对于我的情绪困扰，必须似乎是最基本的问题。"桑德拉说道。

"对，但不要让我说服你来认识到这一点。你自己来弄清楚。不管何时感到痛苦（尤其是惊慌、抑郁或暴怒），你都要找到你的应该、找到你的必须。接着要看到，如果你放弃它们，你会只是感到沮丧和悲伤，但绝不是疯狂的。"

"好吧，我会真正地寻找。"

桑德拉确实一直在寻找自己的必须和应该，还包括起源于它们的糟糕化和可怕化。在她的人生中，第一次被心爱之人拒绝后她只是感到了非常伤心而不是抑郁。当她一不小心再次陷入抑郁，她看到了自己再次回到了一定要的起点，她会努力放弃这种信念，之后她会感到负担和伤心，但不会自我挫败和抑郁。

现在是时候让我为大家来解释信念系统中一些令人困惑的方面了。信念系统包括合理信念和喜好（这也是合理的），还包括不合理信念和绝对化的应该、必须和一定要（这些都是不合理的）。

早在 1956 年美国心理学会的年会上，我就在我的第一篇论文中首次提出信念系统包括思维、情感和行为三个过程的信念。情感也包括思维和行为；行为也包括思维和情感。重申一下，三个因素互相包含。

然而，在我早期的著作中，我没有谨慎使用"信念"这个术语，以至于让人听起来只包括思维；我忘记说信念也包括情感和行为。在后来的著作中我纠正了这一点，比如《控制愤怒》《控制焦虑》《克服不合理信念、情感和行为》以及其他近期的书籍。在本书的第 1 版中，我并没有作此修正，希望我能在这里讲述清楚。

如果你（和我）明确地知道信念包括、影响情感和行为，而且与情感和行为有关，那么 REBT 中最初的 ABC 理论仍然是正确的。当你思考某事的时候，你真的为之思考—感觉—行动。当你感受某事，那你真的为之感受—思考—行动。当你为某事而行动，你真的会为之行动—思考—感受。这就是你的本质；不管是先天固有还是后天学习；除非你的大脑受损或者有其他缺陷，你总会思考—感受—行动。所以当我在本书使用信念和信念系统时，请试图意识到我真正想表达的是思维—情感—行为。这就是 REBT 为何除了认知方法之外，还拥有那么多重要的情感和行为方法的原因，这些方法可以帮助你改变功能失调的思维—情感—行为。

REBT 练习7

找到一些你认为糟糕、可怕或恐怖的事情，发现其背后潜伏的必须。

例子："我认为被一个我所爱的人拒绝是一件很糟糕的事情。"

隐藏的必须

"……因为我绝对不能被我所爱的任何人拒绝。"

"……因为我必须足够优秀以便赢得我所爱之人的喜欢。"

"……因为我绝对不能没有我所爱之人的陪伴。"

"……因为我是一个好人，值得被爱，所以这个世界必须为我安排一段佳缘，让我与有情人终成眷属！"

找到一些你认为自己无法忍受的事情，试着发现让你无法忍受这些事情的必须。

例子："我的工作环境太混乱了，而且待遇很不公平，我无法忍受在这里工作。"

隐藏的必须

"我工作的环境太混乱，待遇也不公平，绝对不能这样啊。因此，我无法忍受原本绝对不该如此的环境。"

"我必须在工作中获得快乐和休息，当工作环境很混乱、待遇又不公平的时候，我就无法达到这种状态。因此，这里的工作环境太差了，我简直无法忍受。"

"我必须在工作中获得一定程度的愉悦，但现在的工作环境是那么混乱、待遇不公平，我一点也感受不到快乐。因此，我无法忍受在这里工作。"

"我的工作必须称心如意，我工作的环境混乱、待遇不公平，根本不合我意，因此，我无法忍受在这里工作。"

找到一些让你感觉自己低人一等、毫无价值感或者不能得到好结果的情景。试着去发现那些让你产生这种感觉的潜在的必须。

隐藏的必须

"我必须成功地维持一段长期的关系，否则我就是一个低人一等、不惹人怜爱的人。"

"在跟我喜欢的人的交往中，我必须再不能失败了，如果再失败，那我就是一个一文不值的人。"

"因为对我来说拥有一段良好的关系很重要，所以我必须很快就做到。如果不能，这是我绝对不能允许的事情，那会让我觉得自己明显低人一等。"

"有时候我允许自己在关系中失败，但是我也失败太多次了吧，这是我绝对不允许的事情！这么多次的失败，让我觉得自己是一个低人一等、不配受人怜爱的人。"

当你觉得毫无希望、知道自己再也不能在生活中获得成功的时候，当你总是不能得到自己最想要东西的时候，找到那些让你产生这种无望感的"必须"。

例子："现在我丢掉了几个好工作，我再也不能找到并胜任好工作了，而且注定一直境遇不佳。"

隐藏的必须

"我绝对不能再失业了，如果这样下去，那我就再也找不到一份好工作了。"

"一份好工作，我必须要坚持做一段时间。否则，我不可能再找到更好的。"

"我必须证明自己是一个好员工，是一个好人，如果总是失业，那就不能证明我的价值。不能证明价值，那我就不能找到一份好工作。"

"现在我可以丢掉这份好工作，但是接下来我就绝对不能丢掉其他好工作了。因为如果我老是丢工作，就再也不能找到一份好工作，而且注定一直倒霉下去。"

不管何时你为任何事情生气，去寻找你那些明显的或潜藏的教条的"必须"。假如你真的有这些"必须"，而且如果你不能找到它们，向你的朋友、亲戚或者治疗师求助，让他们帮你寻找那些应该和必须。只要你去寻找就一定会找到。

第 9 章

REBT观点4：

忘掉那些 "极其恐怖的" 过去

很多年来，我一直是一个非常成功的精神分析学家，而且认为通过探索他人那些恐怖的早年生活，告诉他们这些经历如何困扰他们，以及他们为何不能理解和摆脱这些早年的影响，从而极大地帮助了我的来访者。如果我这样认为，那会多么糟糕啊！

当我坦然承认给来访者带来的精神分析式的 "治愈" 不如我期待中的情况好时，我开始发现帮助人们理解他们的过去只对他们有那么点好处，但实际上阻碍了他们处理现在的问题。所以我发明了 REBT 并开始帮助来访者处理目前的问题以及他们现存的困难。通过教给他们如何 "不神经质"，我很快就看到了更好的治疗效果。

然而我的一些来访者还会坚持讨论他们的过去，这可能是因为之前他们接受了数年的精神分析治疗，一直被这么训练的结果。之后我告诉他们，确实在童年的时候，他们的妈妈和哥哥曾严厉批评他们（在 REBT 的 ABC 理论中，这就是 A，或称诱发事件）。而且他们当时也确实感到抑郁或挫败

（这就是 C，即影响）。但是 A 并没有引发或创造（尽管它可能促成了）C。

B（他们的信念系统）是导致 C 的主要因素，而且 B 中包含了一个合理信念。比如，"我不喜欢被批评。这可能说明我做错事了，如果真的做错了，我最好及时纠正"。但是 B 也包括一个不合理信念和一种功能失调的情感。比如，"我需要我母亲的爱，因此绝对不能表现不好，既而得不到她的支持。如果母亲，这个我需要的人不喜欢我，那我就是一个让人讨厌、微不足道的人"。

所以我向早期的 REBT 来访者展示了是他们使自己产生了早年那些不合理信念和功能失调的情感。我向他们证明，还是个孩子的时候，他们就开始自寻烦恼。

更重要的是，通过回顾他们现在的生活，我向他们说明，他们仍然还在使用这些早期的不合理信念来批评自己，因此他们现在依然心烦意乱。许多人虽然同样经历了童年情绪的困扰，但是他们通过改变思维方式克服了自我挫败（憎恨父母）。与这些人不同，来访者仍然紧握他们最初的应该和必须，而且拒绝放弃这些信念。

今天，他们早年的想法和情感已经不能让他们焦虑了。更确切地说，他们现存的、持续的、教条的和情绪化的不合理信念才是导致目前神经质问题的直接原因。

这就让我们得出了 REBT 观点 4：你早年的经历和你过去的处境并没有直接引发你的情绪紊乱。真正的原因是你自己！

由于自己心烦意乱，你选择对诱发事件和过去的经历反应过激或毫无反应。你自己才是这些经历中最基本的一部分。

因为当你做事情的时候（比如乘船旅行），你到达某个地方（船、船上的人们、船停泊的水域），你会对此有所反应，而且也只有你才会对此反应。因为你会想起过去的经历，那么你因此就会用一种有偏见的方式"体验"现在的新环境。在某种程度上来说，在这种情况下"你"就是（虽然不完全是）自己经历的表现形式，同时你也是所有反应的主动创造者。

所以从某种程度上说，你"发明"了你的过去。所以当"它"一如既往地"让你"今天也感到心烦意乱，那是你选择了让它们依然如故。这是怎么做到的呢？

1. 童年你让自己心烦意乱的不合理信念。例如，"我不只是希望得到妈妈的支持，而且我必须得到支持，如果得不到，那我就是一个糟糕的人"。

2. 直至今日仍然还坚持这样的信念和情感。

3. 拒绝反思和对抗不合理信念。

过去，你创造了神经质的温床，而今天，你依然还躺在这张温床上。因此，如果你使用 REBT 来理解你的早期生活，你可以关注创造神经质温床中你的作用以及时至今日你如何延续这些孩子气的信念、情感和行为。

具有讽刺意味的是，如果你忘记了你的过去，如果现在的你还在自寻烦恼，而且如果你来审视现在让你痛苦的行为，通常会发现，什么事情是童年真的"发生过"以及你做了什么使其发生。你越少抱怨你的过去，就会越容易承认或多或少是你创造了它。你越多地探索自己现在做了什么而使自己不开心，就会发现越多的洞见。

凯伦是一名纽约阿尔伯特·埃利斯研究院常规治疗小组的成员，她一直坚持认为之所以憎恨自己是因为在她的童年中，妈妈总是说她又笨又丑。罗布，另一位小组成员，非常支持凯伦，他坚定地认为自己之所以没有信心，是因为他的父亲总是希望他变成一个富有的商人，而他实际上只是一名薪水微薄的公务员。

其他的组员以及凯伦和罗布的兄弟姐妹，也曾被他们的父母无情地贬低和奚落，但是他们依然自信和自我接纳，这非常令人惊奇。我试着把这些情况告诉凯伦和罗布，但是没用！凯伦和罗布依然坚信他们受"创伤性"过去影响，而且现在很难改变自己。

奥德丽是一名非常有魅力的牙医，但她很不喜欢自己，而且害羞和谦虚。面对凯伦和罗布的说法，她最后忍无可忍："我厌倦了你们俩整天对自己父母和他们的所作所为怨声载道。让我来跟你们谈谈我的父母。他们是我见过的最好、最温柔的人。他们爱我，而且在所有方面都支持我。他们还经常说我既聪明又漂亮，认为只要我想，可以做到任何事情。他们对我的哥哥也是这么好，哥哥也对我很好。好吧，在这么完美的环境中长大，可是你们知道我现在有多糟糕吗？要多懦弱有多懦弱，还这么憎恨自己！为何你们不停下抱怨可怕的童年，开始继续你们现在的生活呢？正如我有无比美好的成长环境。"

其他三名组员也赞同奥德丽的观点，因为他们有优秀、有爱自己的父母，但他们也憎恨自己。其中的乔斯说道："通过 REBT，我现在明白了，以前我要在宽容的父母面前展现完美自我。以前不管他们多么接纳我，我都固执地拒绝接纳自我，现在我仍然拒绝接纳自我！所以我不断调整自己的完美主义。你们也这样做！"

惊讶于其他组员的反应，凯伦和罗布收回了他们的说法。凯伦开始思考更多，努力接纳自己的失败，后来她可以原谅她的母亲，而且母女关系变好了。罗布也暂时不再怨恨他的父亲，但是很快又开始因为自己的问题而责备他父亲。他退出了小组，而且在接下来的 5 年中一直接受精神分析治疗。据他的一个朋友（也是一位经常参加我周五晚上工作坊的成员）说，罗布仍然在治疗中不时愤怒地诅咒他的父亲。

REBT练习8

试着回想一些小时候让你感到惊恐、抑郁或憎恨自我的事情。然后，看自己是否能找出那时候导致你情绪困扰的合理信念和不合理信念。看看今天你是否还在相信这些信念。

- 例子："爸妈经常让我穿不合身的旧衣服，我觉得很丢人，所以常常待在家里，不愿和其他孩子一起玩。"

合理信念："我不喜欢穿不合身的衣服，其他孩子会笑话我。但是我可以忍受，仍然可以与那些嘲笑我的孩子交往。"

早期不合理信念："我绝对不能穿这些不合身的衣服，也绝对不能被其他孩子嘲笑。这多丢脸、多糟糕啊。他们肯定觉得我是个傻瓜——他们是对的，我就是个傻瓜！"

现在的不合理信念："现在我一定不能穿不合身的衣服，如果有人嘲笑我，我会觉得他们说得对而且觉得自己非常丢人。"

- 例子："当我还是个孩子的时候，老师对我不公平而且很冷漠，这让我很生气，因此变得很叛逆。"

合理信念："我希望老师能多关心我，对我公平一点，可是很不幸的，他们并没这么做。但这是他们的不良行为，不代表他们的人品，不能说明他们就是彻头彻尾的烂人。"

早期不合理信念："老师必须应该关心我、公平地对待我，如果他们不这样做，那就太糟糕了。他们这种行为方式让我觉得他们就是彻头彻尾的烂人，我希望他们去死！"

现在的不合理信念："现在有些人仍然不关心我，对我不公——他们绝对不应该这样的！他们都是彻头彻尾的烂人，我希望他们受到严厉的惩罚！"

无论何时你感觉早期经历影响了你或影响了你的心情，请回顾并重现这些经历，找出你的合理信念，以及导致你过去心理问题的主要不合理信念，还要审视一下现在你是否依然还在坚持这种不合理信念。

第 10 章

REBT观点5：

积极地驳斥不合理信念

现在你已经开始觉察到自己的不合理信念，尤其是那些刻板的应该和必须。这非常好！

但是这样还不能对你有所帮助，不能帮你消除神经质的痛苦，除非你积极、有力地与你的不合理信念进行斗争。

只有意识上的了解是不够的，就好像知道怎么开车和成为一名好司机是两码事一样。那么意识上了解了 REBT 中的 ABC，了解了那些让自己心烦意乱的不合理信念以后，你还需要做些什么呢？

写下这些文字的时候，我有 20 多名来访者，他们清楚地知道自己的不合理信念但却很少对其进行批判。艾琳曾在我的治疗小组中待了 4 个月，她经常帮助其他成员指出他们的不合理之处，还会积极地告诉他们没必要一定要有良好的人际关系或者必须结婚。但是对自己她就无法做到如此理智，她会认为自己马上就要 35 岁了，却从来没有维持一段长期的关系，自己必须马上就结婚。

　　艾琳一直告诉其他组员："我认为如果结婚我当然很开心，但我没必要一定这样。"接着她偷偷又开始说："但是我真的必须结婚了！"因为她很少挑战、与自己的必须斗争，所以她一直都很焦虑。

　　弗兰克是艾琳所在治疗小组中的另一个成员，他帮助艾琳看到她的必须，但之后只是给她提供迅速结婚的实际解决措施。比如，他建议艾琳多去高档的地方，因为在那里可以遇到合适的男性。而他自己，也在做同样的事情：他在寻找他认为"好"的方式与讨人厌的老板争论，而不是放弃认定他老板必须不讨厌。

　　乔希，这个小组中的另一个成员，也坚持认为因为艾琳的年龄确实越来越大，而且她非常爱孩子，所以真的应该马上找一个老公。相似地，乔希也不能放弃自己的刻板要求：她的女儿和丈夫必须关心她，公平地对待她。乔希的建议并不是在帮助艾琳。

　　针对这种情况，REBT 提出了观点 5：要完全承认是不合理的"必须"导致了你的心烦意乱。然而仅仅承认自己有许多必须，这本身并不能让它们自动消失。还要使用 REBT 中提供的多种方式与之斗争，要积极地挑战这些不合理的必须。

　　当你不理智的时候，你会丧失思辨能力（理智），拒绝接受现实（事物本身的样子）。科学可以告诉你如何使用理智、逻辑和事实去降服你的不合理信念。你可以如此提问：

- "我必须成功的证据在哪里？"
- "为什么人们应该公平地对待我？"
- "哪里写着我的生活必须一帆风顺？"

当你使用科学的提问和科学的答辩方式，你会发现如下答案：

- "尽管我非常希望成功，但是没有证据表明我必须成功。"
- "尽管我非常渴望被别人公平对待，但是他们并没有义务这样做。"
- "我的生活不必一帆风顺，而且也许根本不能一路坦途。但是我仍然可以愉快地生活！我甚至可以从挫折中学习，从中受益！"

　　REBT 是一个精通驳斥和劝说的自我治疗方法吗？是的，它是的。

REBT 认为与不合理信念进行一次又一次的斗争是克服你情绪问题最重要的方法。

让我们延续 REBT 中 ABC 的话题，现在我们要进入下一个话题 D——辩驳。如果你存在第 5 章中所描述的问题，你能如何驳斥？让我们一起看一下。

G（你的目标）——你需要一份好工作。

A（你的诱发事件）——你在面试中表现不佳，结果没得到想要的这份工作。

rB（你的合理信念）——"我不喜欢现在这个结果！太让人受挫了！太糟了！下一次我该怎么做才能更好呢？"

iB（你的不合理信念）——"不管怎样，我必须让面试官喜欢我，录用我！如果他不这样做，就太糟了！我无法忍受这样的结果！如果我失败了，证明我是个没用的人，再也不能找到好工作。"

C（不合理信念的影响）——你感到十分沮丧，觉得自己一文不值。你开始逃避，不去参加其他的面试。

现在我们列出了关于你找到一份好工作这个目标（G）的 ABC，让我看看如何进行 D——科学地与你的不合理信念进行斗争：

iB——"不管怎样，我必须让面试官喜欢我，录用我。"

D（驳斥）——"为什么我必须让面试官喜欢我？他必须录用我的证据在哪里？"

E（有效的新哲学观点）——"尽管我喜欢这份工作的理由很多，但是我真的没有权利让面试官必须喜欢我。没有证据表明他应该给我这份工作。如果宇宙定律规定他必须给我这份工作，那他肯定就会这样做。但没有这样的宇宙定律，真不幸！"

iB——"我必须要得到这份工作，如果我得不到，那就太可怕了！"

D（驳斥）——"如果我得不到这份工作，哪些方面变可怕了？"

E（有效的新哲学观点）——"其实根本没什么可怕的。可能会不舒服，但还不是极不舒服，因为还有比这更差的情况。如果情况真的很糟糕或很可怕，那就不只是会感觉不舒服——然而现实情况确实是不舒服而不是可怕。所以说我的感觉很不舒服！挺难熬的！"

iB——"我必须得到这份工作，如果得不到，那我就无法忍受这样的结果。"

D（驳斥）——"证明我无法忍受。"

E（有效的新哲学观点）——"我没办法证明，因为我可以忍受。第一，如果失去这份工作，我不会死。第二，如果我无法忍受，那么只要没有这份工作，那我就不会感到一丝快乐。但是很明显的是，我还有许多让自己快乐起来的途径，尽管我可能再也找不到一份这样好的一份工作了。"

iB——"得不到这份工作证明我是一个没用的人，而且我再也不可能找到一份好工作了。"

D（驳斥）——"哪里写着这样的逻辑？"

E（有效的新哲学观点）——"这种没逻辑的想法，只在我的榆木脑袋里才会出现！即便我没得到这份工作，也不可能说明我就是一个没用的人——只是这个面试官不喜欢我。即便我在面试官面前很努力地去表现自我，也只能说明这次我表现得不好，但我绝对不是一个无用之人。即便我经常在面试中表现不佳，也不能证明我就再也不能找到这样一份好工作。所以我现在要做的是再重新找工作！"

如果你坚持积极有力地与你的不合理信念进行斗争，正如 REBT 中的 D，你就要科学地挑战不合理信念，直到你能证明它们是错误的并放弃它们为止。在这个过程中，你就是在改变 C，即你的抑郁和自我贬低。如果能够持续地与自己的不合理信念进行斗争，那些心烦意乱的情况就不容易再出现。

一旦你放弃抑郁、愁云惨淡的不健康情感，你的行为也就可以随之改变，你可以相当轻松地参加更多的面试，继续找工作。

回到艾琳这个例子上，她最后承认，一方面，她告诉自己："我没必要结婚"，但是，另一方面，她又强烈地说服自己"但是我真必须得结婚了"。她和其他的组员一直与她的不合理必须进行激烈的斗争，直到最后真的相信她的底线："如果结婚我当然非常开心，但是如果我一直找不到合适的伴侣，我仍然可以做一个快乐的人。我可以的！我会的！不管怎样我都会做一个快乐的人！"

经过数周，不断地接受这种新的有效合理哲学（effective rational philosophy，E），即便她想要结婚的强烈念头和目标再次出现，艾琳的恐慌也不复存在了。她可能会为仍然单身感到失落，但这种情绪是健康的也不会导致抑郁。

弗兰克也做了一些积极反应，但不如艾琳做得多，他在某种程度上放弃了"他老板绝对不能有令人反感行为"的不合理信念，但他一次次地又回到了这个不合理信念上。乔希起初拒绝放弃自己对女儿和丈夫必须关心她、公平对待她的要求，但是当她看到艾琳如何克服单身的恐慌之后，尽管不乐意，她也可以接纳自己缺乏爱的家庭了。正如她在小组中写下的便签："气死我了，他们就是那样子。不是我让他们成为这样。他们就是有冷漠和无情的天赋。为什么他们就不能表现得糟糕呢——当他们表现不好的时候我就想！"这样想之后，乔希就不那么纠结于此事，转而投身于中国艺术——艺术不会对她不公。

REBT练习9

找到一些你正在或者曾经为之伤心的事情或你为之犯傻的事，将它们写下来。

例如：

- 有人对你撒谎，你感到非常愤怒，简直想杀人。
- 你没能完成日常练习，你生自己的气，感到很郁闷。
- 你穿了一件休闲外套去参加正式的活动，你感到很难为情，很丢人。
- 你被一个自己曾经帮助过的朋友严厉批评，你感到非常受伤、自怨自艾。
- 你承诺要戒烟但是没做到。

- 你因为自私而伤害到了一个无辜的人。
- 你败给了飞行恐惧症——为了到达一个地方开车足足开了一千千米。
- 你因为没有克服恐惧症或者冲动而贬低自己。

每当你回想起现在或过去感到心烦意乱，或做事充满挫败感的时候，请假设背后有一个不合理的应该、必须和一定要，然后找出它。

例子："那个对我撒谎的人绝对不应该这样做！他绝对不能这样做，他真的骗了我，这实在是太可怕了！"

同样，找到那些经常伴随你的"必须"的不合理信念，将它们写下来。

糟糕至极，恐怖化，可怕化

例子：穿着那件休闲外套去参加正式的活动，我真是太傻了，因为显然不应该这么做，这太糟糕了。我穿着不得体，这太糟糕了。

"我无法忍受这种事情"

例子：我被一个曾经帮助过的朋友严厉批评，他绝对不应该这样做，我无法忍受！我无法容忍他如此忘恩负义！

感到一文不值、憎恨自己

例子：我承诺要戒烟，我就应该这么做，结果我没兑现承诺，我就是一个笨蛋、一文不值的人。考虑到戒烟是那么重要，如果再继续抽烟，那我真是一无是处了。

感到罪有应得，自我毁灭

例子：由于自私我伤害了无辜的朋友，我原本不应该这么做的，我真是一个该受惩罚的人。我活该不被其他人接受，而且应该受到重排挤。

对完全、全部、永远不的信念

例子：现在我愚蠢地败给了自己的飞行恐惧症，为了从纽约来芝加哥，整整开了一千千米，我原本不应该这么做的，我永远不能克服自己对飞行的恐惧，我注定以后都要开长途车，我完全不能克服我的恐惧症。

对完美、独特和夸大的信念

- 例子：我必须完美、独特、高贵，如果不能这样，我就不是一个好人、有价值的人。如果我不出类拔萃，那我就一无是处。

假设一直提问并挑战你的不合理信念，就可以将它们变成喜好或者完全放弃，那么现在请通过提科学的问题，与你的不合理信念进行积极斗争。下面就是你可以提出的需要驳斥的问题：

需要驳斥的问题："我的不合理信念是对的吗？为什么它与现实不符呢？"

- 例子：为什么对我撒谎的人不应该这样做——撒谎？为什么他们一定不能撒谎，如果他们真的这样做了，为什么就很糟糕呢？

回答：没有理由说明他们不应该或者一定不能撒谎，尽管我们还是很希望他们不骗人。事实上，如果他们现在会撒谎，那他们一定会一直撒谎——因为这是他们的本质。如果他们真的撒谎，也不能说很糟糕（或者比不该撒谎更坏）只是很不舒服。而且我可以应对这种不舒服。

需要驳斥的问题："证明我的不合理信念正确性的证据在哪里？支持它们的事实在哪里？"

- 例子：我不应该有愚蠢表现，不该穿那件休闲外套参加正式活动的证据在哪里？如果这么做了，那证明情况很糟糕的事实在哪里？

回答：没有证据说明我不应该表现得愚蠢，但是有数不清的证据表明我是一个凡人，偶尔会有愚蠢行为是正常的。如果我真的表现得有些愚蠢，也没有证据证明情况会很糟糕，我这样想只是表明我希望让别人少想想我的愚蠢表现（或者是我），也许这有些不幸，不过我仍然可以获得很多人的支持，过幸福的生活。

需要驳斥的问题：哪里写着我的不合理信念是对的？谁说过它们在现实中存在？

- 例子：哪里写着我帮助过的朋友绝对不应该严厉批评我，如果他们这么做，我就无法忍受。谁说过我无法忍受这样严厉的批评？

回答：这些只写在我的脑子里，我认为他们绝对不能批评我，因为很显然他们并不能留意到我脑子里的要求。如果真的严厉批评我，他们的言语并不能伤害我，除非我主观加重了批评力度，把它们太当回事儿，否则我可以忍受批评。因为我不会因他们的批评而死，尽管受到批评，我仍然可以接纳自我，我可以忍受批评，甚至可以从中受益。

需要驳斥的问题：我可以用什么方法支持这些不合理信念吗？我怎么才能证明他们的正确性呢？

- 例子：因为我原本应该戒烟，但是我没有履行戒烟的承诺，我能用什么方式证明自己是一个愚蠢、一文不值的人呢？吸烟这种愚蠢的行为是如何让我变坏的呢？

回答：无论用什么方式，都不能证明我没法戒烟就是一个愚蠢、一文不值的人。我的行为是愚蠢的，但这并不能让我成为一个一文不值的傻瓜，现在做傻事的人，将来不见得会做傻事，可能会做正确的事情。吸烟这种愚蠢的行为确实不好，但这并不表示我不好。我就是我，我有能力做许多好事，当然有时也有一些不良行为，但我也拥有将不良行为转变为良好行为的能力。所以让我看看，我到底怎样可以戒掉烟瘾！

需要驳斥的问题：是否有什么方法可以帮我证伪或者驳倒我的不合理信念？

- 例子：我原本绝对不应该伤害我无辜的朋友，那是否有方法可以证伪或驳倒我的信念——因为我的自私而伤害到无辜的朋友，那我就是一个活该受惩罚的罪人？我是否真的可以证明或者推翻这个观点，即我得不到其他人的接纳，应该被严重排挤和惩罚？

回答：的确，我不能证伪"我是一个活该受惩罚的罪人"的观点。但是我可以证明，我因为自私伤害了无辜的朋友是不对的。而我只能主观地认为，这种错误或罪恶让我成为一个罪有应得的人，我绝对应该被惩罚，并且被剥夺别的接纳和快乐。

遭天谴、罪有应得和完全不被接受之类的观念意味着有一些超自然的力量存在，它知道当人类做出坏行为的时候，毫无疑问他们就应该接受惩罚。但是这类超自然的力量根本无法被证实或证伪，所以还没有方法能证伪（或证实）这类特殊的惩罚观念。相信这类观念会导致极端的自我毁灭和自我剥夺。但是因为我不能证实或证伪这类不合理信念，所以信或不信都只是一种选择，为什么我要选择相信这种不合理信念呢？没有一点好处！

需要驳斥的问题：如果我继续抱持有这些不合理信念，那我会有什么样的结果呢？继续相信它们会给我带来什么好处和坏处呢？

- 例子：如果我相信绝对不应该败给我的飞行恐惧症，但又不惜开1000千米从纽约到芝加哥，我想我再也不能克服对飞行的不合理恐惧了，这样我会得到什么结果呢？如果我坚信我总是不得不开长途车代替飞行，那我又会有什么结果呢？

回答：非常不幸的结果！如果我刻板地持有这种过度概括的思维方式，我就会注定将自己置于全或无的预言中，使得我的恐惧症毫无好转的希望。无论何时我坚信我无法改变、我必定总是行为不佳，那就是我阻碍了自己的进步，强迫自己陷入泥淖。

需要驳斥的问题：我能不能选择不再相信或追随我的不合理信念呢？

- 例子：我可以选择相信我不必完美、与众不同和高贵吗？我是否能够选择放弃"如果我不完美就一无是处"的想法呢？

回答：当然可以！任何我选择相信的事情，也可以选择不去相信它们。即便在我早期生活中被灌输过或者我向自己灌输过这类疯狂的想法，我可能需要一些努力去改变它们，但是只要它们是我的信念，我就可以选择去改变它们或放弃它们。一些我曾经相信的事情，如今我已经不相信了，我现在持有的任何信念将来也会淡化或改变。所以让我努力改变这些不合理和让自己挫败的信念，取而代之的是那些可以为我带来更好结果的信念！

　　一旦你写下自己的一些刻板的必须以及它们引发的其他不合理信念，向你自己提问上述列出来的需要驳斥的问题，尽你所能回答它们直到你暂时将这些信念变为合理的喜好。这样做直到你感觉更好，直到你将不健康的情感和行为变为更恰当的情感和行为为止。无论何时当你感到心烦意乱或者用明显的自我挫败方式行为的时候，就可以重复这个练习。当你感到严重焦虑、抑郁、充满敌意、自我憎恨或自怨自艾的时候，如果有必要，一天之内重复两遍、三遍或者更多遍都没问题。

第11章

REBT观点6:

不再因为庸人自扰而心烦意乱

许多治疗（如行为治疗）都试图降低人们的神经症状，比如恐惧症、强迫症、强迫行为以及成瘾行为。为预防将来再出现新的症状，一些疗法试图进入"更深"层次，帮助来访者改变他们的观点，比如存在分析（existential analysis）和精神分析。相比之下，REBT治疗更为深远，它旨在帮来访者减轻症状并建立一种更为深刻有效的新哲学观点。它还会帮助来访者不再因为自己的神经症状而感到焦虑和抑郁。

正如我之前所述，扭曲思维会导致情绪问题，这个REBT观点已经得到许多数据的证实，同时神经症的性质也能够证实这一点。正如我在《心理治疗中的理性与情感》和《理性生活指南》中所述，我们可以在心理实验室中让小白鼠和天竺鼠变得"神经质"，但是它们似乎不知道它们被扰乱了，它们不会去看或想这些疯狂的行为，或者因为产生这些行为而痛恨自己。但人类经常会这么做。

人们总会看到自己有多焦虑，知道担心是没用的，衡量情况有多糟，为造成的一些混乱而感到难辞其咎，还会因为"懦弱地"或"愚蠢地"导致这些问题而苛责自己。之后他们会为自己的焦虑情绪而焦虑，为自己的抑郁而沮丧，为成瘾行为而内疚，为自己的神经质而自怨自艾。

乔治的母亲已经老态龙钟而且要求颇多，乔治经常因此生妈妈的气，同时他又埋怨自己老是生妈妈的气；尽管肺部功能较弱而且经常咳嗽，但是辛西娅还是一天吸两包烟，吸烟的同时又为自己这个"致命的缺点"而内疚；约瑟夫对他的女性朋友非常顺从，但会因为觉得是她"让他"不敢表达自己而生气。

因为自己的庸人自扰而心烦意乱重要吗？非常重要！因为乔治痛恨自己生妈妈的气，他就会沉溺于自我诋毁之中，因此没有时间和精力来处理愤怒的问题。如果辛西娅因为自己不顾身体状况，老是吸烟而感到内疚，这会让她更加烦躁，为了不自我憎恨她有可能"需要"更多烟来转移注意力。当约瑟夫因为认定是他的女性朋友"让"他变得顺从而生气时，他就会变得极具攻击性，缺乏主见，会总想表现自己。由于他们最初的神经症状而引发情绪困扰，这样乔治、辛西娅和约瑟夫就会在很大程度上加剧自己的情绪问题。

因此我们提出了 REBT 观点 6：一旦你因为任何事而痛苦，你就会很容易因为这份痛苦而痛苦。如果你看一看你现在的所作所为，你就会发现，你因为自己的焦虑情绪而焦虑，因为抑郁而抑郁，因为暴怒而内疚，你真的很有让自己心烦意乱的天赋！

你不用轻信我的言论，你可以忠于自己的感受。想想上次惊慌失措的时候你的感觉如何？是的，由于惊慌失措你感受到了什么？你上一次抑郁了吗？有严重的自卑感吗？你自己看到的事实也确实如此吧！

这就是 REBT 的解决方法！它很奇妙，强调多思考和推理。每当你因为自己的坏心情而产生负面情绪的时候，当你告诉自己绝对不能有这些坏心情的时候，你可以使用观点 6 来解决这些问题。

准确地说，想要停止因为庸人自扰而产生的心烦意乱，你可以尝试以下步骤。

1. 扪心自问，"我现在感到很焦虑，是不是也会因为自己存在这种烦躁
   情绪而烦躁呢？"

2. 承认事实，发现自身的次生症状，比如，因为焦虑而产生的抑郁，
   因为抑郁而产生的焦虑。

3. 理解问题，是你创造了你的次生症状，你让自己因为恐慌而恐慌，
   因为自我憎恨而憎恨自己。

4. 识别能力，因为是你让自己产生了次生的痛苦情感，所以你也拥有
   改变它们的能力。你可以从思考、感受和行动三个方面，强烈地、
   （情绪上）持之以恒地（积极）识别这种能力。

下一步呢？

假设，通过使用 REBT，你已经完全清楚地意识到你因为焦虑而焦虑，
或因为恐慌而恐慌！你现在要做什么呢？

采用这些驳斥步骤：

1. 假设你是因为一些绝对化的"必须"而创造了因恐慌而产生的恐慌，
   比如"我绝对不能恐慌，我应该要冷静！"

2. 寻找、探索你的必须一直到你找到它们："噢，对。现在我发现了，
   我真的相信我绝对不能恐慌，否则我将在精神病院度过余生。那真
   是太可怕了！"

3. 与你的必须进行积极辩驳直到你得出有效的理性观点（effective
   rational philosophies），并且坚信这些观点为止，比如：

iB（不合理信念）——"惊慌失措太糟糕了！"

D（驳斥）——"证明惊慌很糟糕的证据在哪里？"

E（有效的理性观点）——"除了我自己这样认为以外，哪里都找不到
这样的证据！惊慌只是让人很不舒适，但我还是可以忍受的，而且可以努
力摆脱因为惊慌而产生的惊慌。"

iB——"我绝对不能惊慌！"

D——"世界上哪里有这样的规定？"

E——"哪里都没有。只有在像我一样满脑子都是扭曲思维的人身上才

有！如果有规定要求我绝对不能惊慌，我可能就不会这样。很显然，所谓的规定就是我可以非常非常焦虑——如果我允许自己如此焦虑的话！"

iB——"如果我惊慌失措，那我将在精神病院度过余生。那可真是太可怕了！"

D——"这是真的吗？"

E——"胡说八道！我和其他几十亿人都曾惊慌失措过，但是我们都没有进疯人院啊。惊慌失措的感觉确实很痛苦，但很少会让人精神崩溃。否则，所有的人都要受到管制！而即便出现了最坏的结果，我也要住院，的确这会令人非常不舒服，但是我仍然可以平静下来，过上幸福的生活。只要我想，我就能做到！"

如果你因驳斥（D）不合理信念（B）导致你产生了因焦虑而焦虑的情感结果（C），你可以不断思考、计划如何让自己摆脱这种情绪，一直到你很少再出现这样的情绪。最后你得出的结论可能是：

1. "我不会因为让自己焦虑或者因为焦虑而焦虑就是一个无能之人或者烂人。我只是一个有些愚蠢想法的正常人，我可以改变这些想法。"

2. "不管压力和惊慌的情绪让人有多么不舒服、多么不便，那也只是不舒服。不是糟糕透顶！不是无法忍受！只是一件令人苦恼的事情而已！"

当你摆脱了次生情绪之后，可以回到最初惊慌失措的感受上（比如你害怕被某人拒绝）；发现造成这种惊慌的不合理信念（例如，"我不能孤单，我不会幸福"）；然后驳斥这些不合理信念，消除你最初的焦虑。

正如你看到的，REBT 的观点 6 意味着你可以轻易创造出你的最初问题和因最初问题而衍生的次生问题。它会鼓励你先消除你的次生问题，然后再消除你最初的问题。

观点 6 还会向你展示如何造成三级情绪紊乱以及如何解决它们。例如，吉拉德首先因为在工作上表现是否优秀而让自己焦虑（最初问题）。接着他变得嗜酒如命，以便暂时舒缓自己的焦虑（次生问题）。然而他又因为老是喝酒而十分痛恨自己（三级问题）。自我责备把他搞得十分低落以致工作上的表现更差,(为了缓解焦虑)他就喝酒更多了。

如果已经领悟了观点6,你就已经学会消除你的次生问题和三级问题,然后去处理你的主要问题,从而全面地帮助自己。

接下来是一些本章前面提到过的来访者的后续行为:

乔治剖析自己的不合理信念"我绝对不能生我妈妈的气,即便小时候她忽视我,而现在她年迈的时候又要求我全心全意照顾她。生妈妈的气,我真卑鄙!"首先他接纳了自己的愤怒,然后,摆脱自我憎恨,最后他不再要求妈妈不应该那么苛求,而且不再恨她(即便他还是不喜欢她的行为)。

经过深思熟虑,辛西娅能够对自己重复地说:"我老是吸烟确实是一个缺点,但是因为吸烟而打击自己会让我更脆弱!如果因为我吸烟我就是个坏人,那么戒烟我就不那么差劲了?这显然不成立!所以即便我一直吸烟,我也决定停止自我打击!"当她停止自我责备,辛西娅发现很容易就可以保持一天只吸五支烟,而不再是原来的两包。

约瑟夫承认他的女性朋友确实让他很难表达自我。但是,作为一个普通人,她有犯错的权利,他不再生她的气,而且,尽管他有害怕和不适感,但是他能够迫使自己越来越笃定,直到表达自我时变得自然和轻松。

在我一个日常治疗小组的帮助下,吉拉德首先处理他的三级问题,即由于嗜酒如命而痛恨自己,通过治疗,他明白自己的酒瘾是糟糕的,但他并不是一个愚蠢、无可救药的人。接着他解决了自己次生症状(意志品质低下),这伴随着他的不合理信念"我不能忍受焦虑情绪,所以我必须立即从喝酒中解脱出来!"最后,他回到最初的症状,即由于他要求自己应该在工作中表现出色而造成的焦虑,他可以让自己担心但不会过度担心自己的工作表现,而且不再那么焦虑。在以上三个维度的问题上,他都有所提高,他的酒瘾和工作表现也都有大幅改善。当他的焦虑、意志品质低下和自我责备有所降低,他可以戒掉酒瘾而且过上更有效率的生活。

REBT练习10

　　这是一个关于诚实的练习。对自己不诚实往往是自我挫败的结果。当你不幸在某件事上失败或者看到其他人嘲笑你时，你会因承认事实而感到羞愧，所以你对自己说谎，否认自己的错误和愚蠢。

　　你现在所能做的是诚实地承认你最近感到心烦意乱，感到焦虑、沮丧或暴怒。比如：

- 你会不会因为你的孩子或其他亲戚迟到而焦虑？
- 你会不会因为认为你胸前的疼痛是心脏病导致的而感到惊慌？
- 你会不会因为亲戚或好友的去世而感到沮丧？
- 你会不会对那些针对无辜公民的恐怖袭击而暴怒？

　　这些都是关于重大事件的焦虑，你或许可以接纳自己的反应，并进行处理。但是要是冠以一些近期的小事或者不重要事情的焦虑呢？比如：

- 你的衬衫上有一个污点，你担心公车或地铁上的陌生人会注意到它。
- 你参加一个聚会或者会议，却忘记了一个人的名字，你害怕那个人发现你不记得他的名字而感到焦虑。
- 你对理发师的手艺不太信任，害怕人们发现他把你的头发剪得太短了。
- 你不得不在音乐会中间去一趟洗手间，你会因为担心其他观众觉得你愚蠢，干扰他们欣赏乐曲而羞愧。

　　找找类似这些小事，承认你真的很焦虑、惊慌或羞愧，以及你会因焦虑而焦虑、因羞愧而羞愧、因惊慌而抑郁。你能不能对自己诚实一点？你能不能承认自己因为这个小小的失败而产生的最初惊慌，以及你能不能承认你害怕别人知道你最初的惊慌而产生次生性惊慌？要强迫自己诚实，这不会要了你的命！

　　那么现在可以做更进一步的工作。

1. 嘲笑你自己的惊慌以及因为惊慌而产生的惊慌。看看你的要求，无论自己做什么别人都要认同、支持你，要求别人认同你的需要（需要他们支持你），这是多么荒谬！看看这有多么可笑！

2. 做一个羞耻攻击练习，告诉一个人或几个人你"羞愧"的情感。让他们知道你因为多小的一件事而让自己心烦意乱；告诉他们你因为自己的庸人自扰而感到多么心烦意乱；果断地向别人坦诚、承认你有多么害怕，你非常恐惧自己的害怕情绪。

3. 找到导致你最初惊慌情绪的主要必须。例如："我必须记得这个人的名字！我绝对不能再问一次他叫什么！我绝对不能因为忘记他的名字而伤害他！我绝对不能让他知道我竟然愚蠢地忘记了他的名字！"

4. 找出导致你次生焦虑的必须。例如，"我绝对不能让别人知道我的焦虑！我绝对不能因为这些鸡毛蒜皮的事情而焦虑！我必须立即克服我的焦虑！"

5. 彻底摆脱这些必须，把它们变成喜好。

6. 坚持观察并承认你经常会因为许多小事而让自己焦虑或惊慌。坚持接纳自己的焦虑，经常向他人承认自己的焦虑，找到那些你臆想的必须并与之辩驳。

为了避免混淆，解释得更清楚，让我再次强调一下，正如我在1956年时所述，你的信念系统（B）也包括思维、情感和行为倾向。看似存在纯粹的信念，但其实是它们还掺杂着情感和行为。你会思考—感受—行动，你的想法影响你的情感和行为，你的情感也会影响你的思维和行为，你的行为同样会影响你的思维和情感。三者是统一的，而我们经常错误地认为它们是各自独立的。所以当你思考你的想法的时候，你也同时在思考—感受—行动。具体情况是这样的，强烈地或轻微地（情感上）思考你的想法；持续地、强迫性地（行动上）思考你的想法。为什么会这样呢？因为你本来就是这样的人，一个思考—感受—行动的生物。记住这一点很难，但是你最好试着这样做。如果你只是思考，而不同时感受和践行你的不合理信念，你就不会真的"理解"它们，进而改变它们。思考—感受—行动以及我们运作它们时使用的语言有时是混乱和相互矛盾的，这便是我们难以让它们井然有序、完美、稳定运行的原因。尽量去思考—感受—行动那些不合理信念，再说一次，信念系统包括思维、情感和行为，你就会让它们更有效，但即使这样你也不会让它们百分百地有效和理智。在对功能失调的思维—情感—行为进行思考—感受—行动时，以及坚定地避免庸人自扰导致的心烦意乱时，你还要接纳你的不完美。无条件地接纳，包括接纳你的局限性！这真差劲，但还不是一塌糊涂！

第 12 章

REBT观点7:
解决实际问题的同时也要解决情绪 / 情感问题

　　尽管 REBT 经常因为其浅显的治疗形式而被质疑，因为对任何人来说，ABC 都非常简单、容易理解，但实际上，它要比其他治疗形式更加系统、全面。因为 REBT 认为每个人都会影响你周围的人和环境，同样也会被你周围的人和环境而影响。

　　你生活在一个社会系统中，与你的家人、朋友、同事、泛泛之交和陌生人在一起。在某种程度上，你影响了他们，他们也会影响到你。

　　你还生活在一个外部环境中，有空气、植物、道路、建筑、天气状况、机器和汽车。所有的这些，也会影响你；同样，你也会作用于它们。

　　最后，你还与你自己的身体生活在一起，包括你的骨头、血液、内脏器官、皮肤、神经以及其他影响你的组织。同样，你的行为，比如吃饭、喝水、锻炼、思考和感受，都影响着你的身体。

　　生活在这样一个复杂的环境中，你有（正如本书前面所述）基本的目标（G），为了实现它你要经历生活中的诱发事件（A）。这些目标会创造出许多你要解决的实际问题。比如：

- 我怎样才能受到良好的教育？
- 我如何找到一个合适的伴侣？
- 我应该选择什么职业？我怎样才能在事业上取得成功？
- 我喜欢什么样的消遣方式？什么消遣方式值得我付出时间和精力？

一旦你意识到这些现实问题，你可以选择试着去解决它们，也可能愚蠢地因这些事情而心烦意乱。如果你心烦意乱，那么你就在从问题中制造问题——关于现实问题（如何生活和享受生活）的情绪问题（或神经质）。

REBT 比大部分其他治疗方式更系统，它会鼓励你去处理你的实际问题和后续的情绪问题——不一定要按照这样的解决顺序。实际上，当你存在情绪问题，REBT 经常鼓励你首先解决让自己左右为难的困境，然后再解决你的实际问题。

为什么这样？有以下原因：

1. 当你因为做出一个决定而焦虑或抑郁的时候，比如"我应该继续与我的爱人在一起还是分手"，你可能很难看清楚哪种愿望（去还是留）更强烈一些。例如，离开的内疚感可能会影响你，让你看不到你实际上想要离开。或者你对伴侣的愤怒可能把你想要留下的想法推到一旁。

2. 你可能花费太多的时间和精力庸人自扰，以至于都没有时间和精力去解决你的实际问题。因此，你可能花费太多时间纠结是否应该决定离开你的爱人，以至于你从未真的做出一个明确的决定。

3. 存在这样一个现实问题，你知道没有既快又好的解决方式，你可能因此而心烦意乱，导致你不能保持清醒的头脑来解决这个问题。

因此，REBT 鼓励你首先解决情绪问题（由一个实际问题引发的问题），接下来再认真处理你的实际问题。

REBT 观点 7：当你试着解决实际生活问题，你要仔细核查，看看自己是否因为这些实际问题而存在情绪问题，比如焦虑或抑郁的情绪。如果存在，那就找出那些导致你情绪问题的刻板、一定要的信念—情感—行为，并与之进行辩驳。当你努力消除你神经质的感觉后，回到现实中的问题上来，使用有效的自我管理和问题解决方式去处理它们。

乔安非常想完成大学学业，但是她没有钱而且还要往返50千米来上学。这真是件苦差事！这还不算，她的观念还让这件事难上加难，因为她告诉自己："我必须完成大学学业，而且要尽快完成！这就意味着我不得不更加努力地工作和学习，而且还要花费许多时间在往返的路上。这真不公平，事情原本不应该这样！除此之外，我的父亲总是说我没有能力毕业，或许他是对的。如果真的这样，那就糟糕透了，再也不可能得到我想要的好东西啦！我恨死我父亲了！"

乔安在生活中存在实际问题，然而由于带着这些强烈的不合理信念，这些问题又让她焦虑、抑郁、愤怒和自我憎恨。很自然，她心烦意乱的情绪严重影响了她解决实际问题的能力（钱、学业、工作和来回两地往返），更不用说他跟父亲之间的沟通了。

乔安和我首先进行的工作是找到并改变她对自己、对她父亲和学校条件的刻板必须。然后，当我们做了这些，我帮助她提高解决实际问题的能力，找到其他的解决方式，由于她的情绪问题导致无法发现这些方法，包括借钱，在距离大学更近的地方生活和工作。我还帮助她学习沟通技巧（与她的父亲更好地相处）以及组织能力和学习技能（这样就能在学业方面事半功倍）。

你也可以做到像乔安一样，先改变你的不合理信念和它们所导致的情绪问题。接着你可以回到A（诱发事件或者你生活中的困境），运用问题解决和其他技能来让你的决定更加有效和令人愉快。

为了提高你的生活质量，你可以使用REBT来获得自信心训练、时间管理技术、人际交往技巧、性教育、工作技能提升方法和各式各样的其他技能，这些都可能帮助你过上更加充实、自我实现的生活。因为REBT不只处理想法还同时处理行为，还包括了正确的教学方法，对于心理治疗来说，这是一个先驱型的问题解决和技能训练方法。

　　这也再一次说明 REBT 是一个系统性的疗法。这是一个关于人类行为的"系统理论"，它确实是一个庞大的系统！通过帮助你理解关于生活事件（A）的破坏性情绪（C），改变你产生这些情绪的信念（B），它会让你认真识别你的 A、B、C，而且让你看到 A、B、C 之间相互作用的复杂方式，并且重新设定它们之间的相互作用方式。

REBT练习11

　　想出一个你想解决的实际问题或者你要做的决定，例如：

　　　怎样得到一份好工作

　　　如何做精彩的演讲

　　　怎样赢得一场高尔夫比赛

　　　怎么写出一篇学期论文

　　　如何开车到一个陌生城市

　　　如何与他人相处融洽

　　　怎样获得更高体验的性生活

　　考虑一下这些决定：

　　　要买哪个品牌的电视

　　　要买哪所房子

　　　在比赛中选择哪个人作为自己的搭档

　　　在学校里要学哪门课

　　　参加派对要穿哪套西装或礼服

　　　要选择哪份工作

　　　要选择哪个锻炼计划

　　找出你关于这些实际问题的情感—行为问题。比如：

- 你为得到并胜任一份好工作而焦虑吗？

- 如果你的演讲很烂，你会感到丢人吗？

- 如果你高尔夫打得很差，你会不会很沮丧？

- 你是不是还在为那篇学期论文犯拖延症？

- 你会不会因为在陌生城市中开车而生气？

- 你是否害怕与别人建立亲密关系？

- 你是否因为性生活出了问题而责怪自己？

- 你会不会在决定买哪台电视之前疯狂查找关于电视机的信息？

- 你会不会特别害怕你买的房子坍塌或者着火？

- 你是否会因为在比赛中选错了搭档而强烈谴责自己？

- 你是否在开学之后还一直调整你的所选课程？

- 你是否因为选择参加派对要穿的西装或礼服而苦恼？

- 你会不会盲目选择工作？

- 你会不会不断地尝试制订锻炼计划，但在它真正开始之前就放弃？

如果你因为那些实际问题而焦虑、羞愧、沮丧或者暴怒，如果你因为做决定而犹豫不决、恐惧或冲动，请找出你的刻板性要求，即伴随你实际问题和决定的应该、必须和一定要，以及你的恐怖化、自我挫败和我不能忍受这些的信念。

例子：

"我必须得到一份好工作，而且应该好好干，保住这份工作！"

"我的演讲必须达到无与伦比的效果！如果有人嘲笑我，会让我羞愧至死！"

"我应该在那场高尔夫比赛中表现得更好！我真是一个糟糕的运动员！"

"那篇该死的学期论文应该简单一点！我真无法忍受这其中的困难！

以后再做吧。"

"这该死的城市，道路指示牌应该更清楚一些！这些该死的路牌给我造成那么多不必要的麻烦！"

"我必须将钱花在刀刃上，买到最好的电视机！如果被骗了，我可无法忍受！"

"想想会有可怕的事情发生在我买的房子里，我就担心我必须有人保证一切安好。"

"如果比赛中我挑错了搭档，我绝不会原谅自己。那我真是一个彻彻底底的大傻瓜。"

"我必须选到最好的课程和最好的老师。如果我在这门课上浪费时间，那简直像噩梦一样。即便是违反学校的规定，我也要改选课程，如果我不能及时做到，那我就是一个十足的窝囊废！"

"如果我选错西装或礼服去参见派对，人们会嘲笑我选了这样的衣服，我都想杀了自己。"

"我选的每一份工作都有那么多困难。我可没法忍受那么困难的工作。"

"我不需要锻炼，即使不锻炼我也应该健康。"

积极驳斥你的应该、必须、糟糕化、无法忍受、自我挫败。

驳斥："为什么我必须要找到一份好工作，哪里写着如果我有一份好工作，我就必须保住这份工作？"

回答："我不是必须要找到或者保住一份好工作，而是我非常想这样做。所以我会继续努力找到一份好工作。"

驳斥："哪里写着我的演讲必须精彩绝伦？如果当我演讲的时候有人嘲笑，令人羞愧又能怎样呢？"

回答："哪里都没有写着我的演讲必须精彩绝伦，除了在我自编自导自演的愚蠢剧本里！如果当我演讲的时候有人嘲笑我，这当然是很不幸的，但是这也只能说明我的演讲不怎么好，并不能证明我是一个坏人，也不是无能和可耻的人。"

驳斥："为什么我应该在高尔夫比赛中表现得更好？表现不好怎么就把我变成一个毫无希望的差劲运动员了呢？"

回答："我应该或必须表现更好是没有依据的，但是如果我表现好，我也会觉得很棒！如果我比赛中表现不好，那只能说明我这次打得不好，而不是说我再也打不好高尔夫或者在其他运动上有所建树了。"

驳斥："证明学期论文应该更简单一些。你不能忍受写论文遇到的哪些方面的困难？"

回答："写论文原本就应该是现在这种情况——有一定难度。我不喜欢写论文时遇到困难，但是我更不喜欢拖延时产生的畏难情绪。所以，还是从头再来吧！"

驳斥："我能证明为什么这该死的城市道路指示牌应该规划得更好、有更清晰的标志吗？路牌给我造成麻烦真的是这么糟糕吗？"

回答："我只能说，如果这座城市中的道路指示牌能规划得更好、有更清晰的标志，这当然很好。但是我不能证明这是必须的，因为如果真的是必须的，那说明这些街道应该是为我而设计的。很显然，城市的规划者并不跟我想的一样。这一些确实造成了一定程度的困扰，但我还是能够找到我要走的路！"

驳斥："我真的必须用这些钱买到最好的电视机吗？如果被骗了我就不能忍受吗？"

回答："不，显然我用这些钱买到最好的电视机不是必要的。我也可以接受一个稍微差一点的电视机。而且如果我真的被骗，而且买了一个差一些的电视机，我仍然可以从看电视中得到乐趣。这可能是个不好的结果——但是这仍然不算差。而且如果我不冒险买一台电视机，那我就根本没电视可看了！所以我最好还是选一台吧！"

驳斥："我真的需要一个房子完好无损的保证吗？如果有什么可怕的事情发生就会导致世界末日吗？"

回答："不，如果有这样的保证当然很好，但是这种保证是不存在的。我所能得到的，可以存在的情况，只能是——不管什么事情会发生，我买的房子很有可能要居住很长时间。即便房子也可能会被拆除，我的生活还是要继续，我还可以享受生活。"

驳斥："我能原谅自己因为挑选了一个不合适的搭档而导致比赛失败吗？选错搭档会让我变成一个傻瓜吗？"

回答："我当然可以原谅自己选错了搭档。这确实不是一个明智之举，但也不至于让我变成十足的笨蛋。既然我是凡人，我就会做出一些愚蠢的选择，但我不会总选错或者因为选择错了而被谴责。我可以接纳自我，正是因为做错了选择，我才准备去学习知识，在将来做出更好的决定。"

驳斥："我真的应该选择最好的课程、最好的老师吗？如果我不违反学校的规定，不让他们给我调课，我就真的是一个窝囊废吗？"

回答："不，选到最好的课程、最好的老师是非常称心如意的，但很显然我也没必要非要这样。如果我遵守学校的规定，不让他们给我调课，我也不是一个窝囊废，我只是遵守规则而已。即便是我的行为真的不强硬，也不会让我成为一个十足的窝囊废或者弱者啊。"

驳斥："为什么我选择的每一个工作都有那么多困难呢？我不能忍受这么多困难工作的证据在哪里？"

回答："我选的任何工作几乎都有许多困难但也不至于太多。因为每项工作原本就有难度，所有工作都有困难。充满困难的工作是很不好，但我接受这些困难，才能找到工作，如果没有工作，我会有更多的问题！我可能永远不会喜欢工作中的困难，但是可以确定的是我可以忍受这些困难。如果我需要一份工作，我最好解决它们。"

一旦你找到那些干扰你解决实际问题和做出明智决定的不合理信念，请回到这些最初的问题而且竭尽全力去解决它们。

将解决实际问题的过程中可能遇到的众多问题写下来，比如：

- 要想找到一份好工作，我应该做些什么？

- 第一步我该做什么？

- 第二步我该做什么？

- 要找到一份好工作我应该咨询谁？

- 我的朋友中有谁可能帮助我？

- 我应该制作什么类型的简历——或者多种不同类型的简历？

- 我的简历怎么帮到我？

- 我是否应该让我之前的老板知道我在找工作，好让他给我写推荐信？

- 如果想要在面试中表现较好我应该做什么？

现在，请将你的答案写在纸上，然后制订一个实现这些想法的行动计划。接下来是执行这个计划，是的，强迫自己去执行这个计划。

如果一切顺利，那很好。你可以继续解决你的实际问题。但如果你不按照计划行事，或者计划执行得不顺利，或者执行计划的结果让你很灰心，假设这时你对自己的实际困难产生了情绪问题——再一次回到 REBT 中的 ABC，你去看一下你的 ABC 分别是什么，你怎样做才能处理这些问题。在你不断解决自己的情绪问题时，还要像上面讲的一样回到你的实际问题，不断按照计划去解决问题。在你的实际问题和情绪问题之间不断往返。不要期待存在任何完美或无敌的解决方式。因为这种愚蠢的期待只会让你的情绪问题升级，并令它更糟。

REBT练习12

你很难不承担任何风险就能很好地解决实际问题或做出明智的决定。常见的风险包括：

- 耗费太长时间解决问题或做出决定
- 花费太多时间和精力来解决问题或选择解决方式
- 匆忙制订计划并且决定做什么
- 做出错误的决定并且忍受这个计划带来的一切风险
- 起初解决实际问题的时候很顺利，但是后来却失败了
- 找到一个不错的解决方式，但这并不是你最想找到的最佳方式

如果你过度担心解决问题或做出决定会花费太多时间和精力，请将自己从尽快制订计划和做出决定的风险中脱离出来。那么，给自己时间来做简历，找出一份你需要投递简历的公司名单，给这些人发邮件，开始接受工作面试。但也不要准备太多，冒一下险，可能你会表现不佳。不过你可以告诉自己，从错误中学习，或许下一次表现会好一些。

当你强迫自己尽快对一些重要的任务制订计划并做出决定的时候，当你不愿完成计划或做出决定时，或者当你实现了计划目标却因为觉得自己的计划和决定不够好，而感到很沮丧时，请你填写一个关于你情绪问题的 REBT 自助表格（见表 12-1 和表 12-2）。

表 12-1 空白 REBT 自助表格

A（诱发事件或逆境）

C（结果）

主要的不健康负面情绪：

主要的自我挫败行为：

不健康的负面情绪包括：
- 焦虑 · 抑郁 · 暴怒
- 害羞/羞愧 · 伤痛 · 嫉妒
- 意志品质低下
- 负罪感

E（有效的新观点）

E（有效的情绪和行为）

新的健康的负面情绪：

新的建设性的行为：

健康的负面情绪包括：
- 失望
- 担心
- 恼怒
- 悲伤
- 后悔
- 挫败

A（诱发事件或逆境）

简要概括让你心烦意乱的境况（一台相机能看到什么？）
- A 可能是内在的或在外界的，真实的或想象的
- A 可以是过去、现在或未来的事件

IB（不合理信念）

识别不合理信念，找出：
- 刻板的要求（必须，应该，一定要）
- 恐怖化（一场糊涂，太可怕了）
- 意志品质低下（我无法忍受）
- 自我/他人评价（我/他真差，一文不值）

D（与不合理信念辩论）

与你自己辩论：
- 从哪开始出现的这种信念? 这是有帮助的还是自我挫败的?
- 支持我不合理信念的证据在哪里?
- 真的那么痛苦吗?（已经到了最糟糕的地步了吗?）
- 我真的承受不了吗?

更加理性地思考，尝试：
- 不刻板的喜好（希望，需要，愿望）
- 评价不好的情况（这不好，不幸）
- 意志品质提高（我不喜欢，但是我可以忍受）
- 不要对自己或他人一票否决（我和其他人都非圣贤）

©Windy Dryden & Jane Walker 1992. Revised by Albert Ellis, 1996

表 12-2　REBT 自助表格

A（诱发事件或逆境）

我决定找一份更好的工作，但是实际上没找到。

- 简要概括让你心烦意乱的境况（一台相机能看到什么？）
- A 可能是内在的或外界的，真实的或想象的
- A 可以是过去、现在或未来的事件

C（结果）

主要的不健康负面情绪：焦虑

主要的自我挫败行为：极其自责

不健康的负面情绪包括：
- 焦虑 · 抑郁 · 暴怒
- 害羞 / 羞愧 · 伤痛 · 嫉妒

IB（不合理信念）

如果我找不到一份更好的工作，那就太可怕了。如果我再也找不到一份更好的工作，那我就成了一个优柔寡断的懒蛋。

D（与不合理信念辩论）

为什么我找不到一份好工作就是很可怕的事情，或者是极坏的事情？

没有按照我找到好工作的决定去做，怎么我就成了一个优柔寡断的懒蛋呢？

E（有效的新观点）

找不到一份更好的工作确实很让人难过，但这也不是极坏或很可怕的事情

在执行了我的决定时我确实表现出了优柔和懒惰，但即便在某些方面我是这样的，也不能说明我就是一个彻头彻尾的懒蛋

识别不合理信念，找出：
- 刻板的要求（必须、绝对、应当）
- 糟糕化（太糟糕了，太可怕了）
- 意志品质低下（我无法忍受）
- 自我 / 他人评价（我 / 他真差，一文不值）

与你自己辩论：
- 哪里让我开始相信这种信念？这是有帮助的还是自我挫败的？
- 支持我不合理信念的证据在哪里？
- 真的那么糟糕吗？（已经到了最糟糕的地步了吗？）
- 我真的承受不了了吗？

更加理性地思考，尝试：
- 不刻板的喜好（希望、需要、愿望）
- 评价不好的情况（这不好、不幸）
- 意志品质提高（我不喜欢，但是我可以忍受）
- 不要对自己或他人一票否决（我和其他人都非圣贤）

E（有效的健康情绪和行为）

新的健康的**负面情绪：**
担心
后悔
自我接纳
新的建设性的行为：
强迫自己再去找一份更好的工作

健康的负面情绪包括：
- 失望 · 担心 · 恼怒 · 悲伤 · 后悔 · 挫败

第 13 章

REBT观点8：
用行为改变想法和感受

在第 12 章中我曾经提及，你会受到社会群体、周围环境和身体的影响。但是为了认识自我和情绪问题，还需要明白，人的想法、感受和行为三者之间是相互影响的。

我关于 REBT 的首篇专业论文于 1956 年发表在《普通心理学杂志》（*Journal of General Psychology*）上。那时我就曾言明，人类很少存在只有想法而没有感受和行为的情况，反之，感受和行为也是如此。感受中包括想法和行为，同时感受又是在对自身情感的想法中产生的。尤其当你固着于某种感受，比如多年来你一直憎恨某人，你的信念、想象、对自我和他人所作所为的评价，都可能重燃这种感受，或让你一直处在这种感受之中。

罗伯托在 15 岁时被爸爸打了，并且固着于被打的疼痛之中。罗伯托挨打是当着好朋友的面发生的，这让罗伯托对爸爸感到很气愤，同时也在朋友面前感到丢脸。但是，罗伯托错了，因为在同样的情境下，一些男孩子会感到焦虑而不是气愤，会做出反抗而不是感到羞愧。因此，可以推断罗伯托很有可能是在被爸爸打的那几秒之内就形成了某种想法，正是这种想法导致他产生气愤和羞愧的感受：

1. "这个坏蛋不应该这么打我，我没做错什么！"

2. "因为被爸爸打，我朋友一定觉得我是个弱者。我不应该这么懦弱！简直太丢人了！"

14 年后当我见到罗伯托时，他已经不记得被打这件事了，但是他思考问题的方式还是像原来那样，并且有时还会自动化、不假思索地那样看待问题，因为父亲在朋友面前不公的责打而产生的愤怒和羞愧感也一直都在。我告诉他，人们很少不假思索就产生某种感受，他也非常认同。

然后我对他说，他通过一些会产生怨恨的想法，让自己总是处于愤怒和羞愧感之中。例如，"我都没有报复爸爸，他怎么可以这么残忍，这么不公平地对我呢？他根本不应该做这种让人难受的事！他是个坏蛋！"他对此非常信服。每次罗伯托跟爸爸相处时，总会因为这样想而生气："就算我现在比他小，比他弱，但我至少应该尽我所能地报复他，用球踢他，或者阻止他的行为！我没那么做真丢人！"

格言：只有感受而没有想法和行为的情况是很少出现的。即使有这种情况，比如，你看到有东西朝着你飞过来，你会不假思索地感到害怕，这种感受也只会持续几秒，但不会对你造成困扰。除非你抱有不合理信念，如"见鬼去吧！这东西差点杀了我，太不应该了！"或者："我不应该害怕！害怕多傻啊！"

所以，在你感觉到心烦意乱的时候，去觉察自己那种"一定要"的强迫性信念，它是让你心烦意乱的根源所在，找到自己那些不合理的信念并尝试去改变它们。

REBT 的观点同时也认为，你的想法导致了那些感受和行为，而后者又反过来影响了你的思维过程。当罗伯托憎恨父亲的时候，他很难随机应变，而且经常做些不经思考的傻事。例如，倔强地不跟父亲借钱付房租，而这样的行为伤害了他深爱的母亲。

所以说想法、感受和行为三者之间是相互影响的。疯狂的想法导致纷繁的感受和怪异的行为；歇斯底里会引发愚蠢的信念和行为；行为鲁莽导致怪异的想法和荒唐的举动。此外，想法还会产生其他的想法，感受又变为新的感受，行为还会导致不同的行为。想法、感受、行为三者之间的相互影响从未停止过！

如果你想解决自己的困扰、压力、恐惧症，成瘾行为或某些癖好。要怎么办呢？没有任何一个方法是万能的。例如，有时候一些见解能让你摆脱焦虑情绪，但有时候又不灵了。很多时候，充分的表达自身感受会相当有帮助，但又有很多时候故意不去表达自己的感受，而是将注意力转移到理性的事务上，能够让自己感到好受一些。有时候，尽你所能尝试所有能够想到的治疗方法可以最大限度地让你摆脱困扰，不论这些治疗方法是长程的、短程的抑或是漫长艰难的！

不应该预判哪一种技术一定或者必须有用，应该放手去实验。尝试大部分的治疗计划（treatment plan），每一种都尝试一下，都坚持一段时间。但是不用永远坚持下去。因为，在这种方法产生效果之后，没必要成为这种方法的追随者，或者希望自己泯然众人。你就是你，你所经历的顺境和逆境跟别人是不同的，适合你的，或是不适合你的与其他人也不同。在进行自我治疗实验的时候，请谨记此点。

从来就没有唯一的方法。REBT 认为，你总是能够找到一个主要的、最简便的解决方法。（这方法就是，从根本上改变自己的想法，不再生气，保持平静，由此再不会有过多的情感困扰。）

道理：即便是这样，我们还是要承认，它并非唯一的方法。因为，条条大路通罗马！

1962 年，我在《心理治疗中的理性与情感》中指出，有时最好的或者事实上唯一的改变固着想法的方法是，强迫自己与之对抗：完成日常家庭作业，这一观点得到了约瑟夫·沃尔普（Joseph Wolpe）、汉斯·艾森克（Hans Eysenck）、伊萨克·马克斯（Isaac Marks）、班杜拉（Albert Bandura）、斯坦利·拉赫曼（Stanley Rachman）和其他行为治疗学派学者的支持。这种迫不得已的对抗能让你发现，其实你可以征服强迫信念或恐怖信念。同理，直接对自己的感受和经历做工作，并进行充分表达，要比即刻打断不合理信念，更加能够帮助你彻底改变扭曲信念。

那么，观点 8 就是：你可以通过与不合理信念和混乱的感受进行对抗来改变它们，对抗是指做能够反驳它们的行为。

事实上，我们真的很怀疑，在一次又一次用行动与不合理信念进行斗争之前，你曾经真正改变过不合理信念吗？同样，在一次又一次真正想要改变并下定决心这样做之前，不可能彻底停止强迫行为。

很多心理学家说 REBT 理论最初仅仅是理性层面的，只是后来又加入了行为治疗的方法。这纯粹是无稽之谈！1943 年我从事心理治疗之初就是一名认知—行为性（congnitve-behavior sex therapist）心理治疗师，并于 1940 ～ 1950 年开积极导向性心理治疗理论之先河。另外，我还在自己 1954 年出版的书《美国性灾难》（*The American sexual Tragedy*）中对此做了一些总结，而这些受到了很多消极的弗洛伊德学派和罗杰斯学派治疗师的批判。1949 ～ 1953 年，在我进行心理分析练习的这段时间里，我绝少使用行为疗法，但我发现心理分析效率低到难以置信的程度，因此 1953 年时我重新回归认知行为治疗的怀抱，也是从那时起，我开始创建 REBT 理论。

我对行为疗法的钟爱源于自身成功的经历。那是我 19 岁时的故事，那时我还没想过会成为一名治疗师。我经常对人说起这段经历，那时当众讲话让我异常害羞，在 3 个月之中，我进行了大量的政治演说。

我对自己说，追随先贤的脚步，即使演讲得很糟糕也没什么可怕的。我遵循行为学派创始人华生的教导，他证明了积极重复或者坚持做那些令自己感到恐惧的事情，真的可以让人摆脱那些毫无来由的恐惧感。因此我希望能够克服当众演讲的恐惧。我竟然真的做到了。

这简直太奇妙了！最初我并没有期望自己会爱上演讲，然而在以后的 65 年里我居然一直沉浸在演讲的乐趣之中。我简直来了个 180 度的大转弯。这太神奇了！

当我发现坚持做让自己感到不舒服的事情有帮助时，我决定也用这招解决自己特别害怕见陌生女性的问题。虽然我一年之中有 250 天会在布朗克斯植物园（Bronx Botanical Garden）散步和读书，在这期间我经常见到很多令人着迷的女人，我也极其渴望能够和她们聊天、约会，而且她们好像看起来对我也很有兴趣，但是因为我特别害怕被拒绝，所以我从未接近过陌生的女性。

所以，我给自己布置了作业，跟公园里所有我看到的，那些坐在长椅上的单独女性聊天。这种聊天是不带任何期望的，也不逃避的！

虽然令人感到恐惧和难受，但我强迫自己完成任务：在一个月内跟100名独身女性搭讪。对的，就是100次"陌生的"邂逅——我一直梦寐以求却总因为害怕而不断回避的事情。

我并没有什么实质性的收获，只有一名女性愿意跟我约会，而她竟然爽约了！但是，我真的克服了不能跟陌生女性讲话的恐惧，从那时开始每次跟女性聊天都非常轻松。在多次被拒绝后，我发现想象中可怕的事情并没有发生，比如她们会骂人，感到恶心并尖叫着甩开我，报警！我最终明白，我能够跟陌生女性交流，即使被拒绝，我的生活仍然可以很开心。

同时，我也发现，与仅使用理性疗法相比，行为疗法，尤其是通过行为对抗内心恐惧的方法，对改变不合理信念更加有效。后来，我发现精神分析效果甚微，反而是与患者讨论如何走出不合理信念来得更有效，我也认识到很多方法能够改变人的态度。其中，积极地去做令你感到害怕的事情是最有效的方法之一。

因此，REBT发展之初包含了大量的认知、情感和行为方法。经过多年的发展之后，REBT又加入了很多治疗技巧，其实REBT理论在创始之时使用的已经是多元模式的框架（使用阿诺德·拉扎勒斯的模式）。

颇具讽刺意味的是，系统脱敏法的创始人、著名的行为心理学家沃尔普一直反对"认知"疗法，他的系统脱敏法是通过想象、教育和多种形式的思考来对行为人进行治疗的。REBT（认知疗法的一种）却喜欢布置一些可能对行为人来说是冒险、行动方面的家庭作业。从这个角度来看，REBT甚至比很多行为疗法更加注重行为。

在罗伯托的案例中，即本章最初所举的例子，他愿意进行与不合理信念辩论的功课，他总是认为爸爸绝对不应该在小时候打他，他也完全不应该表现得那么软弱，他爸爸没有为打他而遭到任何报应。我帮他出了两个家庭作业：①跟爸爸聊天而不是完全不理他（他曾经这样做过）；②用没有任何威胁性地、坚定地站在爸爸面前的行为，取代退缩或者对爸爸大喊大叫（他以前经常这样做）。

通过这样的训练，7个星期之后罗伯托不再怨恨爸爸，也不再埋怨自己了。此后的几年里，他又进行了提高忍受力和悦纳自我的治疗工作。

REBT练习13

回忆你毫无缘由就害怕做的事情，例如：

- 当众演讲很差劲；
- 不会写论文或者报告；
- 画画很差；
- 被某个你在意的人拒绝；
- 乘坐速度很快的电梯；
- 插话；
- 当众跳舞；
- 与陌生人讲话；
- 完成一项艰难的任务；
- 被别人嘲笑；
- 玩游戏或做某项运动很差。

选一项最害怕的事情去做，在短时间内尝试多做几遍。一旦决定行动，就不要犹豫、逃避。行动、行动、再行动！

在做令人害怕的事情时，要明白这并没有什么真正的危险或者值得恐惧的地方。请让自己明白：

- 你不会因为做这件事而死掉；

- 你不会因此而受伤；

- 你可能会慢慢喜欢做；

- 你可以学习到很多东西；

- 克服不合理信念丰富了你的生活；

- 克服它是一个极大的挑战；

- 最终你定能结束因恐惧而受到的局限和挫败；

- 你将变得自律，并提高意志品质；

- 因为克服了恐惧，你将变得更加高效；

- 越来越多的人开始认可你；

- 你抵御身心疾病的能力提升了，例如溃疡和高血压；

- 焦虑、抑郁、自怨自艾等负面情绪出现的概率大大减少了；

- 你开始享受生活。

REBT练习13A

　　你可能不会发现自己对某些行为不合理的恐惧或焦虑，但是你可以看到自己在做这些事时的害羞、窘迫和羞耻。那么，你也可能没有发现自己害怕穿过时的衣服或告诉别人自己的某一缺点，而事实可能是你从不敢做这样的事情，因为你觉得它们是"令人害羞的""困窘的"或者"令人感到羞耻的"。

　　REBT 认为害羞或羞耻感是不合理的，因为它往往包含一个合理的部分（"我做了错事或蠢事，但我不希望别人因为这件事不喜欢我"），同时又包含一个不合理或自我贬低的部分（"因此，我是一个不讨人喜欢或愚蠢的人"）。

　　为了对抗不合理羞耻感，我在 20 世纪 60 年代后期设计了著名的羞耻—攻击练习。这个练习是为了帮助人们不再产生不合理羞耻感。通过这个练习，即便是你正在做那些曾经令你感到害羞、愚蠢、不便的事，你也不会再出现不合理羞耻感。

羞耻—攻击练习有助于对抗不合理信念和纷繁的感受。挑选一些只有你觉得会令自己感到羞耻或尴尬的事当众去做。例如：

- 穿着打扮不适宜。
- 对一群人说些傻话。
- 承认某些别人看不起的缺点，如"我拼写不在行"。
- 做奇怪的动作，如在街上唱歌或在晴天打着一把黑雨伞。
- 在火车站或公交站大喊大叫。
- 对别人说一些跟自己有关的、非常离谱儿的事，如"我刚从精神病院出来，现在是几月啦？"
- 拒绝给服务差的服务员或司机小费。
- 餐馆的菜如果做得难吃，直接退掉。
- 牵着香蕉去遛弯，就好像遛狗一样。
- 去修鞋店修手表。
- 去借一把供左撇子用的扳手。

在你做这些会令你感到害羞或者羞耻的事情之前，第一，一定要确认自己做了这些事情之后不会让自己陷入麻烦。比如，不公开暴露自己，不做可能被捕的冒险行为，不会因为骂你老板是个臭虫而被炒鱿鱼。

第二，不要做任何可能伤害其他人的事情，如抽某人耳光或不断地骚扰某人。

在进行羞耻—攻击练习时，要时刻在头脑中想着这是为了治疗，只有这样才能够在别人都不认同你的时候也不会感觉到羞耻。可以通过自我暗示的方式彻底摆脱羞耻感。

举例：

"大家可能觉得我很傻。太糟糕了！随他们去吧。"

"说实话，做这个羞耻练习是在帮自己克服自我贬低。这是件好事！"

"我做的事可能看起来有点傻，但这不意味着我人傻。"

"大家都觉得我这样做是错的，为此我觉得很抱歉，但是这也只是世界的一个损失，又不会世界末日。"

"我清楚地知道为什么要做这些自己觉得丢脸的事情，因为我可以从不同的角度去看待它，它可以是个怪异行为，但这不代表我是一个奇怪的人或无能的人。我只是那个在这种情况下选择做了一些奇怪行为的人而已。"

不断地进行羞耻—攻击训练，直至做这些时不再令你感到羞耻，甚至为此感到愉悦为止。在进行练习时，观察自己对那些羞耻行为的感觉和态度的明确转变。

第 14 章

REBT 观点9：
练习与实践

在《心理治疗中的理性与情感》中，我曾谈到 REBT 包含三大观点，这三大观点与精神分析疗法的观点具有很大的差异。前两个 REBT 观点是：

1. 事件结果 C 影响情绪，情绪波动不仅因为诱发事件 A（events or adversities），同时也因为你有接受甚或是虚构了不合理信念。

2. 无论何时、何种程度、何种原因导致你焦虑或抑郁，这种情绪之所以持续至今都是因为你有意识或无意识地抱持着不合理信念。

以上两个观点，我们之前已经进行了充分的讨论和扩展，同时我们现在开始明白这样一个道理，即在儿童时期你没有能力发现和改变自己的不合理信念，但是现在，如果你看过并且已经开始使用之前讲过的 8 个信念做事，你已经具有足够的能力去做这件事了。

现在我们将原本的第三大观点在此进行扩充，并成为本书的观点 9：无论你在认知层面上多么清晰地觉察到自己生气、感受的痛苦都是不值得的，你也很难取得进步，只有通过大量的练习与实践来确确实实改变导致心烦意乱的信念和感受，并强而有力地（同时也总是感觉不怎么舒服）与之作斗争。

观点 9 呈现了所有心理治疗方法的弱点（以及自相矛盾之处），当然也包括 REBT 在内。因为你太容易习惯，也太容易产生自我挫败信念，并已经将这种习惯倾向深入骨髓。该死的"太容易"！因为这倾向能让你无意识、不费吹灰之力地使自己痛苦。这么说，你除了自我实现倾向以外，还有很好的自我挫败的倾向。天啊！

观点 9 让你知道，你绝对可以改变痛苦的信念、情感和行为。但是，这并非一件容易的事情。

但至少观点 9 给予了你一次改变的机会。因为它明确说明，只要你愿意坚持不懈地去练习、实践，改变不合理信念以及行为，你就极有可能（可以说有 98% 的概率）让自己不再那么痛苦。

对一些在 REBT 出现前就已经闻名的认知心理学家，如皮埃尔·珍妮特（Pierre Janet）、埃米尔·库埃（Emile Coué）、保罗·杜博斯（Paul Dubois）、阿尔弗雷德·阿德勒（Alfred Adler），观点 9 向他们展示出 REBT 与大多数意识为导向的心理治疗方法有多么大的不同。

这些理性的心理治疗方法忽视了行为疗法对人格的改变作用。这些疗法总是忘记强调改变信念的同时最好还坚持练习。你已经在歪曲信念的土壤之中生活太久了，太容易无意识地掉进固着的"应该"和"必须"想法之中。甚至你发现了自己的"一定要"信念，并打算放弃这个信念，但是你还会发现自己很容易失败，一次又一次被打回原点，回到那种教条式的思维模式之中。

更进一步来讲，除非你坚持不懈地用行动与恐惧信念斗争，否则你几乎不能消除它。如果你害怕反驳别人，并且每次都"回避"这种情况，那么你就是在无形之中加强了自己的恐惧。无论你是否意识到自己心中所想："如果被拒绝了我会很痛苦！在我进行尝试之前，我必须确保自己是被接纳的。"逃跑行为本身都向你自己暗示了内心的恐惧，因此你更加害怕了。

如果你能够做到不害怕，并坚持不懈地去做，你会发现其实并没发生什么可怕的事，在这个过程中你已经很大程度地征服了内心的恐惧。

　　如果我们把最神经质的问题归为两类，可以称为：①自我忧虑（自我贬低）；②低挫折容忍度（LFT）或不适忧虑。当你心里总是强烈地想"我必须做好，获得别人的认可，如果不这样我就是个没有价值的人"时，就是自我忧虑在运作了。这个信念是很夸张的，因为你要求自己是特殊的、杰出的、完美的、像超人一样，但很明显你不可能做到这样！

　　不适忧虑也是将自我神化的问题，因为不适忧虑背后隐含的信念就是："因为我与众不同，所以我的需要和喜好就应该得到满足，其他人必须满足我的期望，为了迎合我的需要，环境也必须被巧妙地安排好。如果不是这样，我就觉得很痛苦，不能忍受，生活也没有什么继续的意义了！"

　　由此我们可以看到，导致不适忧虑的一个主要信念是："我应该过轻松的生活，别人都应该满足我的需要。"这个信念又会产生与之相关的不合理信念："为了获得完全令人满意的生活，我必须面面俱到，时刻都要赢得所有重要人物的爱。"这些信念都将导致个体意志品质降低。但是，它们同时又包含很自我的部分，因为它坚持："我应该过轻松的生活，我必须是完美的，无论是人还是环境都应该迎合我！"

　　为什么说低挫折容忍度在心理治疗中这么重要呢？因为，不管最初是什么原因让你生气，后来你察觉到自己的情绪状况，明白是什么信念让自己生气，知道自己最好怎样去应对这些，同时也不希望自己再陷入愤怒中，即使这样你仍然还是会受到低挫折容忍度的影响。比如，如果你知道工作面试会让你感到不舒服，所以抵触找工作。如果你意识到是不合理信念引起的这种不适感和焦虑感，之后就可以运用 REBT 帮助自己克服焦虑，通过 REBT 可以说服自己：你可以忍受被人拒绝，你的不适感只会带来不便但还没有达到痛苦的程度。但是，为了能够说服自己相信这些合理的信念而不是那些固着的不合理信念，你必须要付出很大的努力才行。

　　因此，你最好用学到的 REBT 知识来改变引发焦虑的信念；你最好持续进行练习直至你不再焦虑，不会被再次带回到焦虑之中为止。无论你觉得多难受，一定要多去参加工作面试直到不再为此感到惊慌为止。

当你陷入焦虑情绪之中而不是为了真正摆脱焦虑而努力奋斗时，说明你受到了低挫折容忍度的影响，或者说是陷入了不适忧虑之中。当你暂时不让自己焦虑，但之后没有持续努力下去，也说明同样的情况。

低挫折容忍度时常引发焦虑和抑郁。它更多地发生在你不想心情忐忑的时候，总是让你处在这种情绪之中。为了解决低挫折容忍度的问题，你最好去完成很多困难任务，无论这些任务会让你产生什么样的感觉。

尽管去做，别不安！不要等到你已经感觉到情绪变化才开始行动，要防患于未然！

这是否听上去有些自相矛盾：通过让你坚持去做"过于"艰难的事情，来让你尝试克服自己的低挫折容忍度。这个想法的产生是因为对抗"不应该"想法需要付出足够的努力。是的，的确如此。但是别忘记了，所谓的自相矛盾源于你的想法，事实根本不是这样。而且 REBT 明确表述过，如果它只是一个想法，你就可以通过辩驳来克服它！

导致自相矛盾的内心想法是：

1. "即使长期坚持下来有很大的好处，我也不一定非得努力练习来换得我想要的。为了快乐而努力练习实在太难了。我要立竿见影的效果。"

2. "唯一能够让我克服低挫折容忍度，变成一个快乐的人的方法就是通过努力练习克服自己的偏见。"

对这个矛盾的想法，我们可以这样进行反驳："是的，努力练习获得快乐的确非常难，延迟满足是为了获得更多的快乐。但是如果我不努力，这会非常困难！贪图一时欢愉总是会让将来充满痛苦！太糟糕了，但道路总是这样曲折。我需要尽力克服低挫折容忍度的问题，因为如果不这样做将意味着我会长期处于痛苦之中。"

"没人允诺给我一个'玫瑰园'，如果我坚持要求他们这样做，我所能得到的只能是满身的'玫瑰刺'。"

我们回过头来看观点 9。除了努力的练习和实践几乎没有其他方法能够帮助你彻底摆脱痛苦。洞察本身是不够的，仅仅承认、表达自己的情感也是不足够的。

你最好成百上千遍地与不合理信念进行辩论，以让合理信念深入你的头脑之中。无数次地觉察自己的感受并将之表达出来。千百遍地用行为来对抗影响你的信念和情感，而且如果有必要，就再来一千遍！这种坚持持续数月，有的甚至持续数年，有时也可能断断续续持续一辈子！

我们再从另外一个角度解读观点9：世界上从来没有神奇的、简便的方法可以改变你：乐观与希冀不能，祈祷和恳求也不行，别人的支持和爱也做不到，即便是读这本书也不行。所有的这些可能会让你好受点儿。有些还会让你知道怎样能让自己变得更好。但是，我们仔细想想，只有你才能够改变你自己。是你和你坚持努力的行为改变了你。努力？对，就是努力！

你可以通过使用以下两个REBT规则让自己不再感到严重的焦虑、抑郁或者其他的痛苦：

1. 使用思考、感受和行动的REBT技术，例如本书中介绍过或其他REBT书中讲授的技术。每一种技术都进行尝试。一个不好用就换下一个，再下一个，再再下一个！如果管用，那也要继续尝试其他的方法。

2. 坚持不断使用REBT方法。某一个方法，例如唱幽默歌曲给自己听非常有用，请重复进行练习，直至这种信念已经深入人心，沉淀到骨髓。REBT的方法需要过度学习。为了不忘记请一遍又一遍地复习它！

40岁的帕布洛是一名旅游代理商，他非常了解REBT的相关原则和练习。他经常帮助密友使用REBT，还经常帮助那些在每周五晚上帮我开展日常生活问题工作坊的志愿者使用REBT。在我跟他们面谈之后，帕布洛总能针对他们的情绪问题给出非常合理的建议。但是，一旦他自己生气，总会让自己怒火中烧一个小时，有时甚至一整天都如此，这种事情通常每周都会发生几次。之后，他才想起使用REBT征服自己的愤怒，归于平静回到《美国大玩家》的写作之中。

帕布洛对 REBT 非常了解，他清楚地明白产生愤怒的不合理信念是："他们怎么会这么笨呢！简直无药可救了！""我妻子如果真像她说的那么爱我，就不会这么自私，这么不在意我！她简直太虚伪了！"

帕布洛也经常可以觉察到自己的次生症状。他不喜欢自己对别人发火。他觉察到自责的信念是："我应该做得更好，而不是像孩子一样那么幼稚地发火！我真笨，竟然没用 REBT 的方法！这太蠢了！"

帕布洛能够觉察到自己不必生气，也发现自己喜欢自责的倾向，但他仍然经常陷入其中。这两种情感总是会打断他日常的剧本创作、破坏他的人际关系。帕布洛偶尔还会跟"超级蠢"的人打架。妻子也因为他总是对人发火而离开了他。他的创作也因此一直难以完成。即使这样他还是不愿意用 REBT 让自己停止愤怒和自责。

在很多次 REBT 任务无法完成后，帕布洛和治疗小组成员一起想出了以下的方法：在一个月之内，他每天至少要花费两个小时进行 REBT 练习，不仅要懂得怎么做，更重要的是行动。

他将特别练习完全地自我接纳，即使无数次地又对别人发火了也要完全地接纳自我：

1. 每天至少花费 10 分钟与不合理信念进行辩论，他的不合理信念是："我应该做得更好，而不是那么愚蠢地发火！我真笨，竟然没用 REBT 的方法！这太蠢了！"

2. 坚持自我辩论直至完全接纳自己的愚蠢行为。

3. 每天至少重复对自己说 15 遍合理信念："因为我是一个不可能不犯错的人，所以我会经常做些傻事，有时还总是犯傻生自己的气。这就说我坏，没门儿！"

4. 列出所有自责坏处的清单，每天阅读、思考至少 5 遍。

5. 每天至少进行一次羞耻—攻击练习，让自己当众做出自认为"羞愧"或"愚蠢"的行为（例如在地铁里用尽全力唱歌），努力让自己不害羞、不自责。

6. 每天多次唱幽默歌曲，以打破完美主义和自责，下面是合理幽默歌曲的举例：

完全理性

（作曲：路易吉·登扎,《登山缆车》）

有些人觉得世界一定存在一个对的方向，

我也这样想！我也这样想！

有些人觉得，些许瑕疵

无法容忍——我也这样想！

因为我，要证明我是超人，

超凡脱俗！

彰显我非凡智慧——

常与伟人同存。

完美，完美的理性啊

是我的唯一！

知我怎样想

必要连连犯错吗？

理性于我真美妙！

美丽的困扰

（作曲：斯蒂芬·福斯特,《美丽的梦仙》）

美丽的困扰，为何你我一体

我们共享生命时光？

我们已习惯彼此

若你我分离，世界也宛若囚笼！

美丽的困扰，请别离我而去！

若你走了，谁还可为知己？

即便你让我看似蠢笨

没有你的生活需太多努力！

没有你的生活需太多努力！

我很坏，太坏了！

（作曲：德沃夏克，"念故乡"，《自新大陆交响乐》）

我很坏，哦，太坏了，毫无价值的卑鄙男！

哦，上帝啊！我还想说：我太坏了，真让人悲伤！

我太坏，丑陋扭曲是我代言！

如此坏，还有活的勇气！

我很坏，穿着罪恶的外衣！

我这么坏，吓到你了吧

一定要小心我哦！

对呀，要小心我！

对啊，要小心我！

（上述歌曲由埃利斯作词，版权所有归埃利斯研究院所有。）

　　帕布洛在不断努力治疗自己的次生症状（因为总是对别人发火，并在内心中认定没能很好地控制自己而深深自责）的同时也在治疗自己的主要症状（总是对别人发火）。针对他的不合理信念："其他人不应该这么笨，妻子不应该这么自私，必须更关心他。"帕布洛在治疗小组成员的帮助下，制定了以下的REBT家庭作业：

　　每天至少用10分钟积极地、强有力地与不合理信念争辩。

　　每天至少15次对自己说合理的应对方式："人本来就会经常做蠢事，这是人的本性！""我妻子有时自私、不够关心我，可是她对自己的兴趣多过对我的兴趣是她的权利！"

　　每次他跟别人打架，或者对妻子吼叫，就捐献100美元。

　　坚持每天至少练习一次合理情感想象，通过想象别人真的做了蠢事，让自己很生气，然后对情感进行疏导，让自己对他们的愚蠢行为仅仅感受到失望、沮丧，而不是愤怒。

　　每天数次唱幽默歌曲，这样能让他在愤怒中体验到乐趣，下面是两首我重新作词的流行歌曲：

爱我，爱我，唯有我

（作曲:《胜利之歌》）

爱我，爱我，唯有我，没有你宁愿死!

做一张爱的证书，让我不再怀疑!

爱我，爱我的全部；亲爱的，请你，请你用尽全力试试；

若要我也爱你，亲爱的，我会恨你至死!

爱我，永远爱我，完全地、彻底地爱；

若非你唯一爱我，生活将一塌糊涂!

亲爱的，极尽温柔去爱我，没有如果与但是。

亲爱的，若你爱意少一分，我会恨你那该死的勇气!

荣耀，荣耀的哈利路亚!

（作曲:《共和国战歌》）

我已看见关系散发的荣耀光芒

它在路旁徘徊，犹如爱的激情来来回回!

哦，我听闻在爱情里没有丝毫欺瞒——

但是，我不相信!

荣耀，荣耀的哈利路亚!

人们爱你直至拴紧你!

希望少一点

别指望他们!

荣耀，荣耀的哈利路亚!

人们为你欢呼——再唾弃你!

希望别拥你太紧，

别指望他们!

信念、情感、行为三方面的作业，帕布洛都很好地完成了。当他没能完成 REBT 任务的时候，他时刻与自责倾向作斗争，做到仅仅批评自己的行为表现而不是他这个人。

通过这样，他将发脾气的次数减少到每月几次。无论何时他生气了，他都会马上承认自己确实生气了，并且沉浸于愤怒 5 ~ 10 分钟。然后他就能发现导致生气的不合理信念，成功地与之争辩，并在几分钟内控制它。他偶尔也会退步，也会让自己生气一个小时甚至更长时间。但是大多数情况下不会超过 10 分钟，有时甚至只有两三分钟。

帕布洛很高兴对抗—愤怒计划使自己节省了很多的时间和精力。他不再长时间沉浸在愤怒和闷闷不乐之中，每周有了更多的时间进行剧本创作。

在尝试改变自我挫败信念和行为的过程中没有任何灵丹妙药。只有对自己说一定要努力治疗，必须坚持 REBT 练习。了解自己为什么情绪变化，明白怎样才能让它停止是远远不够的。只有通过实践和努力才是减轻痛苦的关键。这把通往成功的钥匙没有任何神奇之处，是实实在在通过努力得来的，是坚决不让任何事情使自己痛苦的决心。对，就是任何事情！

REBT练习14

进行此训练，需要制定一份不合理信念辩论表。如何制定表格的方法在埃利斯研究院发行的《理性生活指南》和《与不合理信念进行辩论的技巧》手册中已经介绍清楚了。准备好表格之后，就挑选一个不合理信念，针对这个信念问自己一些具有挑战性的问题，直至你真的放弃它，并确信它被你打败了为止。

与不合理信念进行辩论时可使用的问题如下：

1. 我要克服的不合理信念是什么？

2. 我能合理地证明这个信念吗？

3. 有证据可以证伪吗？

4. 有证据支持它吗？

5. 如果我不再这么想，用行动与之对抗，最差会怎么样？

6. 如果我不再这么想，会发生什么好事吗？

如果在进行 REBT 练习时，你有低挫折容忍度，不能持之以恒、不够积极努力，那么可以通过以下方法来与不合理信念进行争辩，以解决低挫折容忍度的问题：

1. 我要克服的不合理信念是什么？

回答举例：我没必要一定按照 REBT 挑战自我。改变自我应该很容易才对！解决这些麻烦太难了，没人替我做这些，让人太痛苦了。

2. 我能合理地证明这个信念吗？

回答举例：不能。

3. 有证据可以证伪吗？

回答举例：有很多证据。

a. 没有任何理由让我不努力改变自己。如果不需要付出努力，改变就太容易了。但显然，改变不可能是一个太容易的过程！所以我心里明白，如果想要改变自己，我最好坚持做，努力做！

b. 有谁说通过 REBT 练习，改变自我会变得很容易吗？只有在我不切实际的幻想和愚蠢的想法中才如此吧！无论我多么期望自我改变是一件容易的事，我多么渴望轻松，自我改变也不可能自动完成。

c. 虽然它很难，但做了绝对不会白费工夫。说它"太难"是因为我抱有不切实际的幻想，它比我想象中要难，所以我才用"太难"形容它。如果按照这个逻辑进行推理，这个想法意味着无论我想要什么事变得容易，什么事就得容易——如果我想宇宙大爆炸呢，我能做到吗？明显不能！

d. 的确，运用 REBT 改变自我很艰难，但是此刻它就是很艰难，世间的道路本就如此：任何道路都不容易走。它就是这么难！这么辛苦！就算我发现它再怎么难，它的难度也不会因为我的感受而变得容易。

e. 确实，改变很难，但是不改变的话，生活更难。因为如果不改变我可能会焦虑、抑郁一辈子。

f. 如果没人使我的改变过程变得轻松容易，没有人替我做 REBT 练习，我就会觉得恐怖。世上哪有这样的道理啊！我所说的恐怖含义只是不太好，用"恐怖"来形容远远超出了实际情况；为了改变自己必须进行 REBT 练习，很糟糕、很麻烦，但情况不可能都是不好的。就算 99% 是不好的都不太可能。我越觉得它不好，它就越差，让我越挫败，越是会打扰练习 REBT 改变自我的进程。因此，我最好把这个过程看作只是有点麻烦而已。

4. 有证据支持信念"我不需要努力练习 REBT 就能改变自我"吗？

回答举例：当然没有。有大量证据表明，通过 REBT 改变自己是很艰难的工作，它原本就很困难（事实上它真的很难！）如果了解 REBT，想着 REBT 有多好就能让自己改变那就太幸运了，但不幸的是这种好事不可能发生。从现在开始我努力进行练习，逐渐就会发现其实挺简单的，慢慢就习惯了。但是在此之前，此时此刻，它依然非常艰难！没有别的选择，为了以后不会更麻烦，我应该抱着积极的心态去做。

5. 如果我不再觉得践行 REBT 太辛苦、太困难，最差会怎样呢？

回答举例：

a. 进行 REBT 练习的确是一件令人讨厌的事。它确实不招人喜欢！但如果我不做这些，所有麻烦和困扰就会跟我一辈子！

b. 如果我不做 REBT 练习，不努力克服自己的问题，那问题不只不能解决还会变得越来越多。那生活将比现在更糟糕！就算我什么都不做，我的问题也会增多，我得到的只会是难受和诸多不便。REBT 练习还称不上恐怖或者艰难，它只是比想象中要难一些，只能说不太好办而已！

c. 进行 REBT 治疗，最差的结果无非就是毫无进展，所有的努力全部白费。但至少我知道自己尽力了。如果不去尝试，我永远都不可能知道，我能做到多好又或是我根本不可能变好了。所以我应该尽力去尝试，尽自己最大的努力去做。

d. 就算努力之后一点儿变化都没有，我至少还活着，只是仍然带着挫败和痛苦活着。但没有进步不太可能，因为只要我努力就肯定会进步。但如果真的没有丝毫进步，那么无论发生什么事，最多也就是还像原来那样有些困扰和不便。如果我能不再抱怨这些困扰，不再为此歇斯底里，这行为本身就免除了很多自找的麻烦。所以说我最好还是努力治疗。

6. 如果我运用 REBT 解决自己的问题，会发生什么好事呢？

回答举例：

a. 我可能真的解决了自己的问题，焦虑和抑郁都会减轻甚至我不再感到焦虑和抑郁！

b. 如果我能在这方面克服自己低挫折容忍度的问题，我会变成一个更加自律的人，也意味着在生活的很多其他方面，我也可以做到如此自律，例如暴饮暴食和做事拖延。

c. 努力实践 REBT，为了将来的收获而放弃短暂的快乐，对我来讲，这本来就是极大的挑战。当我面对许多失去而不再生气，这也许是我人生中最好的挑战之一了。

d. 努力克服惰性，哪怕要花费我一段时间才能成功，我也将变得越来越好，渐渐还会享受这种积极努力的状态，发现自己越来越独立，情绪问题也在逐步解决。还有什么回报比经营自己的生活更好呢？

第 15 章

REBT观点10:

坚定地改变信念、情感和行为

你知道，你可以委婉或激烈地、适度或强烈地表达自己的想法、情感和行为。面对失去，你可能感到轻度到极度等强烈程度不等的悲伤；你可以拼命练习，也可以慢慢练习；你可以非常沉迷于吸烟和饮食过度，也可以浅尝辄止。

那么想法呢，也会有强弱之分吗？

罗伯特·艾柏生（Robert Abelson）和罗伯特·扎荣茨（Robert Zajonc）以及众多心理学家都认为答案是肯定的。例如，很多年前罗伯特·艾柏生就曾指出人的认知有"冷""热"之分。用 REBT 的理论来看，"热"的想法能比"冷"的想法产生更大的影响，引发更多的紧张感。

假设你需要通过考试获得一份工作，你可能有这种"冷"的想法："这种工作通常都需要考试。"心中这样想，你可能对这件事只产生微小的感受甚至一点感受都没有。

对考试和工作，你也可能有"温暖"的、有实效的想法，在 REBT 中我们称为合理信念："我特别希望能够通过考试获得这份工作，而且这考试看起来也不难，我喜欢它。"心里这么想，会让你变得积极乐观，对考试有好处。

你也可能抱有"热"的、自不量力的想法："我必须通过考试，必须获得这份工作，只有这样我才能充分享受生活，才能觉得自己是个有价值的人！如果考试比想象中难，我没能通过考试，我会觉得痛不欲生，同时证明我很笨，没有资格得到好工作！"这就是所说的"热"想法——在 REBT 中我们称为不合理信念——心里这么想，会让你相当紧张，不利于考试。

REBT 认为你心中"热"想法的情况可能是强烈、坚定和有力的，当然也可能是轻微和刻板的。你可能认为自己必须通过考试，如果没能通过考试就证明自己是个笨蛋，你心中抱有这个信念的情况可能是：①偶然的或持续的，②三心二意的或虔诚的，③轻度或过度，④表面的或深入内心的，⑤无声无息的或是大声宣扬的，⑥有限制的（在某种特定的情境下才这样认为）或是普遍化的（很多情况下都这样想）。

由此可见，"热"想法的"热度"也是有很多种类的！REBT 也认为"热"的想法会比"温暖"的想法引发更多强烈的感受，尤其是各种扰乱心神的感受。"热"的想法往往会引发自我挫败感和行为，这种模式持续时间越长越难改变。

盲目地认为自己必须通过重要考试，每一份工作申请都能成功，觉得如果有任何失败就意味着自己是个毫无希望的蠢货，抱着这些想法将导致你在考试或面试的时候极度焦虑。焦虑情绪会很大程度地影响你的生活，而你也需要花费大把的时间来缓解焦虑情绪。甚至，有时你还会感觉到强烈的恐惧感和不适感，这很可能让你变得害怕它。这样发展下去，你开始为焦虑情绪而担忧，这是很明显的次生症状。

"热"想法将引发强烈而持久的焦虑和抑郁感，为此建议你采纳观点10：如果你仅仅是轻微与不合理信念进行辩争，那你很难改变它，而且很难让改变持久。因此，最好是坚定、持久地与之辩争，说服自己它是错误的。

例如，你问自己——理性情绪行为疗法中的 D（与不合理信念进行辩争）："为什么我必须得每次都通过考试？"你要坚定（经常地）地回答自己："我不必每次都通过考试！我希望通过考试，我乐于为此付出努力。我当然想要这份工作，但如果我没有，我没能通过考试！我将不再需要它。虽然得到这份工作我会更开心，没得到我也可以快乐地生活。即使没得到这份工作，我也可以通过其他的考试，获得别的工作。我只是一个这次失败了的人，我绝不是一个毫无希望的失败者！"

REBT 认为，你越是坚定地、频繁地挑战"炽热"的负面想法，与之辩争，你越是能够更迅速地、彻底地消灭它们，也就意味着你更加可以降低（避免）由它们引发的各种扰乱人心的感受。

现在让我们再次聚焦观点 10：当你发现导致自己焦虑（以及因担忧焦虑情绪而引发的恐惧感）的不合理信念时，你可以变成管理自己情绪的专家，为不合理信念提供合理的答辩。

以汤姆为例，他是个高大英俊的男人，35 岁，是一位成功的医生，但是他总是疯狂地坠入爱河，但很快她们不愿意再见他。她们发现他太不牢靠，太急色了。就像我经常问来访者的那样，谁需要一个如此好色的人呢？显然汤姆的那些女性朋友们都不需要。

汤姆很了解 REBT，非常清楚是什么信念让他在碰到有吸引力的女人时变得如此摇摆不定："我如此强烈地爱着她，如果她不能回应我的爱，我会觉得生命都残缺了，我必须赢得她的芳心。我不得不这样做！我一定要拥有她！我必须拥有！"

将这种"一定要"的信念记录下来，并发现它是不对的，汤姆运用 REBT 尝试放弃这个不合理信念。他不断地问自己："为什么我一定要赢得这个女人的芳心？我真的不得不取悦她吗？没有她的爱我会死吗？"

对这些问题，汤姆做出了合理的回答，这给了他一定程度的帮助。但是，不久，他又重新陷入极度需要的状态之中，重新陷入摇摆不定的状态中。

我给汤姆布置了一项 REBT 家庭作业，要求他与自己进行强而有力的合理对话并且将对话进行录音。他尝试这样做，并给我带来一盒录音带，里面记录了他为要赢得某位特别女性芳心而与不合理信念进行的辩论过程，但是我和其他治疗小组成员一起听录音时，我们发觉他的辩论很棒——但是他的语气却软弱无力。他知道自己该说什么话来跟不合理信念辩论；但显然他并不相信自己所说的那些。

因此，我要求汤姆重新做录音上的练习，要求他对待自己的不合理信念时能更加强硬一些。

但还是不行。第二遍录音仅比第一遍好一点。汤姆仍然是一个恋爱笨蛋。

练习进行第三遍的时候，汤姆的情况好了很多。下面是部分录音内容：

汤姆的不合理声音：科拉是我这么多年见过最好的女人，如果她不爱我，还有哪个好女人会爱我呢？不会再有了！

汤姆的合理声音：没有？胡说八道！我遇到的那么多好女人里没有一个喜欢我？那不可能，有些还是会喜欢我的。就算喜欢我可能是件傻事，也还是会有人喜欢我！

汤姆的不合理声音：但是，想想如果她们能喜欢我，仅仅是因为她们自己笨。那这说明我是多么不招人喜欢啊！

汤姆合理的声音：见鬼去吧！最差也就说明我缺乏一些吸引人的特质，但这不代表我一点儿不惹人喜爱。也不能因为没有女人觉得我吸引人，就说明我就是一个彻头彻尾的笨蛋。最多也就是说明我在恋爱方面是一个失败者。

汤姆的不合理声音：可是，这是所有方面中最重要的一个啊！仅此一点我就是一个失败者！

汤姆的合理声音：不是这样的，只是爱的领域中的失败者。而不是在任何方面全都失败。不是整个人生都失败！是针对好女人而言的失败者，不是针对自己的！

汤姆的不合理声音：又在合理化！如果没有真爱能有什么好生活啊？啊哈！你要成为一个伟大的医生。

汤姆的合理声音：是啊，我希望成为一个伟大的医生。我还擅长运动！还要成为一个优秀的讲师！就算我一直没有找到一个好伴侣，我还有

那么多可以享受的事情。

汤姆的不合理声音：一直没有？从来没有？

*汤姆的合理声音：对，就是从来没有！康德就没有结婚，很可能连约*会都没有过。他也过得很好啊！很多名人也都是如此，没有爱情也可以过得很快乐啊！但是，不管他们怎样，我都要快乐！只要我停止沉浸在自己"不够可爱"的思想之中，我就可以快乐！

汤姆在学到了要强而有力地与不合理信念进行论辩的技巧后，他做了无数次练习。他现在认为不合理信念就是对自己的欺骗。我和治疗小组的其他成员都没告诉他，其实他第三遍的录音已经足够强有力了。这点是他自己感觉到的，因为他感觉自己从焦虑和抑郁的情绪中得到了极大的释放。他即刻感觉不再离了爱活不了（虽然内心仍然非常渴望爱）。这种感觉一直持续数周之久。

因为汤姆坚持不懈地、强而有力地自我辩驳，他感觉自己变得不再那么急色。数月之后他几乎完全不同了，因此，他约会的女伴还会再次与他相约，有些甚至想要跟他结婚。一年之后他开始与自己最喜欢的人共同生活，三年之后跟她结婚了。现在汤姆经常教妻子怎样进行积极并强力地自我辩驳，这样可以让自己不陷入情感的自我欺骗之中。

REBT 练习15

　　找到你真心想要放弃的不合理信念，因你深知怀揣着这样的想法只能带来自我挫败，用两种方式与之进行辩论，一面进行轻度和中度的，另一面进行强而有力的。将不合理信念写下来，一列写轻度的，一列写强而有力的驳斥理由。更好的方法是，将不合理信念用录音带录下来，之后跟录音进行对话，在这期间对其进行中度和强而有力的辩驳，直至你觉得取得了实质性的进步，真的将不合理信念转变为坚固的合理信念为止。

　　举例如下。

不合理信念

　　我真的必须通过这次考试，如果不能，我的职业生涯就完蛋了，我肯定一辈子只能干些不体面的工作，拿着微薄的工资，那简直太恐怖了！那时我得多可怜！

　　用录音的方式代替书面形式与不合理信念进行强而有力的辩论（像之前曾经介绍过那样），你可以同时进行轻度和强力的录音对话，直至你确信自己所说，清晰地感觉驳斥的强而有力为止。

轻度驳斥与合理应答	强而有力的驳斥与合理应答
就算我这次考试失败了，我还可以在别的考试中成功。我担心什么呢	就算我这次考试失败了，甚至每次考试都失败，我也可以得到好工作。就算我没有好工作！我也可以快乐地生活
我的职业生涯不会完蛋。我只是需要点时间来得到我想要的	就算这个该死的职业完了，我也可以有其他的享受，做别的报酬高的职业
可能我很快又会通过考试，得到一份体面的工作呢	我总有一天会通过考试，说不准就是这次！不管我有没有通过，我都决心要找一份好工作
就算我一直做不起眼的工作也不会死	不论一直以来我从事什么职业，我都决心从中有所获益。即使我真的一点都不喜欢我的工作，那我也可以从生活中别的方面得到快乐
就算我拿很少的薪水，也可以生活	如果我一辈子都赚这么少钱，我不只可以生活有时还可以享受美好时光。钱很重要，但不能代表全部
没有钱的确会相当不方便，但那也不意味着世界末日啊	一辈子都赚钱少是会不方便，但是有很多方法，可以让我通过不懈努力增加收入。就算有可能不成功，我也可以减少开支，我也可以做用很少的钱却活得开心的人
这次考试失败了，以后的生活都只能拿很少的薪水，那我也只是一个失败过的人，绝不是一个奥虫	无论我考试失败多少回，也不管赚的有多少，我也绝对不是一个奥虫或窝囊废。我只是一个经常会失败的人，但是无论我在某些方面表现得多么糟糕，我依然能完全接纳自己，并总是在生活中寻找快乐的可能。我就是我；因为我有存在的意义，我就是我自己，一直以来我的生命中值得拥有美好的时光。那我要怎么才能享受生命中的美好呢？当然是为之努力奋斗

不合理信念

我的好朋友诺伯特从我这里借了钱，说是很快就会还给我。现在几个月都过去了，他还是没有还钱。更夸张的是，他的行动好像在对我说，我把这笔钱当做礼物送给他了，他不打算还了。他说，如果他赚到很多钱就把钱给我，但这不是因为他欠我的，而是出于他的好心。他怎么能这么对我？！这个混蛋！从这看出他身上没有一点儿好的地方。他应该受到严厉的惩罚，我觉得自己应该报复他。我会让他看到不应该这么对我！

对话举例

- 不合理信念：他怎么能这么对我？

轻度回答：他就是这么做了。他总是干这种事。这是他的问题。

强而有力的回答：他做出这种事情简直太正常了！这不是他第一次这么干了，我打赌这肯定也不是他最后一次干！我当然很希望他不再这样，但他总是如此。天啊！但是我竟然还对他抱有希望，而且还真的借钱给他了！

- 不合理信念：但是不管怎么说我也是为了他！我破例借钱给他，
  他却坚称是我给他的！他这个杂种！

轻度回答：是啊，我的确破例借钱给他了，但是这不代表他也破例还钱给我啊。他不是个杂种，只是有时候有点杂种的行事风格而已。

强而有力的回答：是啊，我破例借钱给他，但这绝不意味着他破例或者必须诚实地还钱给我。我决定做什么是我自己的事情；而他决定做什么是他的事情。当然，他这么做确实太差劲了，以后我肯定不会再信任他或者再借给他一分钱！但是这也不能说他就是个混蛋，至少不完全是。他就是一个会犯错的人，像我们所有人一样，但这是他所犯的最大的错误之一。我永远也不会犯他这样的错误，但是我可以应对这样的错误，我可以继续想办法拿回自己的钱，并且做一个开心的人，当然如果我从没遇到这样的事会更快乐。我最好的"朋友"变得如此不友好难道还不够糟糕吗？

- 不合理信念：我还是觉得他是个彻头彻尾的混蛋！他这样行事，真是没有一点儿好地方了。

轻度回答：这么说是不是太夸张了？他当然没什么与众不同，跟所有人一样也会有好的方面。他只是在这个方面不太好罢了。

强而有力的回答：简直胡说八道！他当然还有好的方面。每个人都有。我承认在某些方面他对我不错，不论他有什么好的方面，但是不承认我借了钱给他，并声称是我送给他的这种行为的确不怎么样。这也是我想证明给他看的，不是他的人有什么问题，而是他不诚实的行为有问题。我真心希望他发现这一点。但是如果我失败了，我没能让他看到这一点。最坏的结果就是钱没了，从此再不跟他做朋友了。

- 不合理信念：我要跟他绝交！以后还指望我对人这么友好？没门了！他就该被严惩，我一定会报复他的。

轻度回答：报复他有什么用呢？就是浪费更多的时间。也许我应该放弃这个念头。他真是一个龌龊的人。

强而有力的回答：我竟然想着报复他，这是多么傻的想法！在他的事情上，我已经花费够多的时间和金钱了，现在我还要做这些无聊的事情，继续浪费时间和精力去报复他。在一个绝对公平的世界中，按道理，他应该为所做的事情受到严惩，但是他几乎没可能受到什么严惩。没有人是圣人；也没有人就是该死的。比如，如果我从他那把钱偷回来，不会有人监视我，一定要严惩我。那么为什么他就该受到这样的待遇呢？我仍会向他施压拿回自己的钱，但绝不是因为愤怒而向他施压。我会不再诅咒他浪费时间了！

- 不合理信念：不管花费多少时间和精力，我都要让他明白绝不应该这样对我。我会让他认错的！也许还可以做点什么报复他妻子和家人！

轻度回答：根本就没有什么方法可以百分之百地向他证明，他不能这样对我。作为一个独立的人，就算这件事情明显是他错了，他也有这个权利去做他想要做的事。我最好放弃这些想法，把它忘了吧。

强而有力的回答：他当然可以这样对我。该死的，他就是可以！其实，他很擅长做这种不友好的事儿，而我最好的选择就是接受残酷的事实。而且我也没什么办法可以证明他不能这么对我。就算我再怎么怀恨在心，甚至去伤害他妻子和家人，也不能证明他不可以这么做。而且这种方式可能在他看来，我是一个相当卑鄙的人，而他也很可能故意不还钱，甚至可能报复我和我的家人。如果我愚蠢地让他认错，那么在这个过程中我自己也输掉了。那时我将承受远远多于现在的痛苦。我在这废什么话！他做错事，不代表我就得用下半辈子来恨他，做跟他同样的错事。我可以试着不生气、不怨恨地跟他聊聊，看看还有什么是自己可以做的。如果我什么也做不了，那好，我就是做不了了！此时最好的选择就是放弃。没错，就是放弃，回去做自己该做的事儿去！

当你已经开始用书写或者录音的方式，与某方面的不合理信念进行强而有力的辩论时，要多多进行复习。让一些你的朋友和小组成员陪你一起复习。进行强而有力的实践，但绝对不能过激。尽量不要沉浸在疯狂的状态之中，否则对你没什么好处。强而有力地练习去跟那些古怪的思想做斗争——对，就是要强有力的！

第 16 章

REBT观点11:

情绪改变任重道远——持之以恒更加重要

正如马克·吐温说过的那样:"戒烟很简单,我都戒了几千遍了。"

纵览节食的历史也可以看到相似的情况。每 100 个节食的人减重 30 斤甚至更多之后,90% 的人都会反弹。

心理治疗也是相同的道理。无数的人进行心理治疗来改变自己,但是,大部分人又会重蹈覆辙。焦虑、抑郁、愤怒的情绪短暂消失之后,它们又会再次反扑!

很多时候,你在尝试消除痛苦的时候,前进两步又会退回一步。有时还会反过来,前进一步退回两步。有时你觉得自己的抑郁彻底不见了,之后,你又重新坠入那个黑暗的深渊。有时情况可能是这样的,你不会再次遇到老问题,例如,害怕当众演讲。但是,你可能遇到一个全新的问题,例如害怕找工作。

鉴于以上的情况和事实,我们总结了观点 11:一时之间你觉得调整感受是一件非常简单的事情。但是,最好的选择是持之以恒、坚持不懈地努力，只有这样才能保住胜利的果实。

几乎没有人可以完全治愈自己的痛苦。包括你在内！

那你可以做些什么，来保住你的成果，防止退步呢？

方法太多了。

位于纽约的埃利斯研究院已经总结了很多方法，并将之集结成册发放给每一位来访者。那么接下来，将在此介绍一些手册中的关键点，借此来向读者阐释观点 11 的内容，如何保留并增加你在理性情绪行为疗法中的收获。

为了保持战果，你需要记住哪些重点呢？试试下面的方法：

1. 你又重蹈覆辙，焦虑、抑郁或自我挫败再次袭来时，曾经在信念、情感和行为方面取得的进步全部归零。如果你再次感到抑郁，想想之前你是怎么让自己好起来的。例如，你应该还记得这些：

   a. 你不再对自己说我是没有价值的，不再认为自己不能得到自己想要的。

   b. 你工作做得很好，你向自己证明了你是有成功潜质的。

   c. 你强迫自己去面试，你没有逃避，因此你成功地克服了面试焦虑。

记得提醒自己你在信念、情感和行为方面经历的改变，告诉自己因为这些改变你所获得的收益。

2. 不断地想、思考、琢磨理性信念和应对回答，例如，"成功固然好，但即使失败了我也可以完全接纳自己，也可以享受生活！"不要像鹦鹉学舌那样机械地重复这些话语，要多多入心。要强而有力地想，直至这些话语真正地深入你的内心为止。

3. 不断地寻找、发现、反驳那些总是让你心烦意乱的不合理信念。例如，"我必须通过成功来证明自己是一个有价值的人！"不断审问自己："真的如此吗？""为什么我的价值要用成功来证明？""就算我没能完成某件重要的事情，那能说明我在这方面是个烂人吗？"

   一旦你觉得症状即将反复，随时随地反驳这些不合理信念。就算你还没觉得被打扰也要如此，因为你要知道它们很可能卷土重来。观察自己的想法，时刻让它们保持在你的意识范围之内，然后强而有力地反驳它们。

4. 不断冒险，不断做那些引发非理性恐惧的事情，比如乘坐电梯、社交、找工作或者创作。在克服某一非理性恐惧的过程中，让自己保持有规律地思考、有规律地用行动对抗这些非理性恐惧。做让你害怕的事情，而且要经常做！

　　强迫自己做那些非理性恐惧的事情如果让你觉得很难受，那就让那些难受见鬼去吧！别放纵自己，不能逃避，否则，一辈子也别想摆脱恐惧！现在尽可能让自己难受是为了能够抹消掉你心中的恐惧，是为了日后可以不焦虑和舒适。

5. 学会区分什么是健康的负面情绪、什么是不健康的负面情绪。健康的负面情绪，如悲伤、遗憾、失望，这些是在你在目标受阻时而产生的情绪；不健康的负面情绪，如抑郁、焦虑、自我憎恨和自怨自艾，这些是你经历丧失时而产生的体验。在你觉察到自己有过度关心（恐惧）或不必要的痛苦（抑郁）时，你要明白这些感受都是正常的，但又是有害的，之所以会产生这些感受，是因为你内心之中那些武断的"应该""不得不"或"必须"而导致的。

　　你需要认识到，你有能力将不健康的情绪（或者说"一定要"的信念）变成健康的情绪（或者说"优选的"信念）。深入感受抑郁情绪，不断地进行处理直至你的感觉仅是悲伤和失望为止；深入感受焦虑，直至仅感觉担心和警醒为止。

　　运用合理情感想象技术，在负面情绪激活事情未发生之前就在头脑中形成生动的情境。在想象的过程中，让自己体验到不健康的负面情绪（焦虑、抑郁、憎恨或自我挫败）。然后在想象最坏的事情发生的时候，努力将这些情绪转变为健康的情感（担心、悲伤、烦恼或失望）。在你完全确定感觉真的转变之前千万不要停止努力。

6. 避免拖延。今天就开始行动！如果还在拖延，建立奖励制度，例如美食、度假、阅读或社交，总之某些你喜欢的事物，而这些奖励只有在你完成那些你总是很想逃避的任务之后才给予。如果这个还不管用，那就建立严厉的罚款，例如每次一拖延就跟很讨厌的人聊天两小时，或者捐款 100 块钱。

7. 让保持情感健康成为一种吸引人的挑战或冒险，无论何种不幸降临，你都要保持一定程度的乐观。让消除痛苦成为你生命中最重要的事情之一，成为一件你不会放弃的事。你心里要明白你绝对有选择如何思考、感受和行动的权利；为了你自己要积极地行使选择权。

8. 牢记、运用 REBT 的三大观点，这三大观点在 1962 年的《理性情感心理治疗》中就已经进行了概括。

观点 1：是你选择了让生活中的"烦心"事儿打扰你自己。你的所思所想导致了你的所感所受。当令人讨厌或失望的事件 A（激活事件）发生的时候，你有意或无意地选择合理信念就会让你感到悲伤和失望，而如果你选择不合理信念就会让你感到焦虑、抑郁和自我憎恨。

观点 2：不管你是怎么养成的，从什么时候养成的不合理信念，重要的是此时此刻，你现在选择的所思所想，才导致了此刻你受到的影响。境遇不佳（哪怕过去和现在都是如此），它们也影响不了你。真正对你造成干扰的是你此刻的信念。

信念 3：没有什么神奇的方法可以改变你的人格，改善总是让你自己心烦意乱的行为倾向。只有练习和实践才能带来改变。只有你的努力和你的行动才可以真正改变你自己。

9. 积极地为生活找点乐趣，是循序渐进而不是发疯一样寻找，如阅读、娱乐、做运动、发展兴趣爱好、欣赏艺术、学习科学以及其他所有有活力的，吸引人的事情。让情感健康成为自己生活的主要目标之一，当然这本身就是一件令人快乐的事。

找到一个你会一直感兴趣的长期目标或兴趣爱好，让你的生活因为拥有它而变得快乐、幸福。利用这种方式有助于从悲伤中转移注意力，也有利于心理健康。

10. 经常跟那些懂点 REBT 的人或者有助于你复习 REBT 的人在一起，让他们知道你的问题所在，了解你是如何运用 REBT 进行治疗的。看看他们是否赞同你现在使用的 REBT 治疗方案，也看看对反驳不合理信念，他们能否提出其他建设性的方案。

11. 多跟朋友练习 REBT，多跟需要你帮忙的团体成员一起练习 REBT。你越是经常对别人运用 REBT，让他们说出自己自我挫败的想法，你就越是能够透彻地理解 REBT 的原则，也就对你自己越有帮助。

    每当看到别人因为不合理信念而心烦意乱或行为极端时，你可以试着把主要的不合理信念指出来，以及怎么跟这些不合理信念进行有力的斗争——这些你可以选择告诉当事人，也可以不告诉他。这样，你又给了自己一次练习的机会去对不合理信念进行反驳。

12. 多看一些 REBT 的书，多听多看 REBT 的录音带和录像带。可以阅读以下书籍——尤其是我的书，《人本主义心理治疗》《快乐指南》《理性生活指南》《控制愤怒》《控制焦虑》《如何克服拖延》，还有保罗·霍克（Paul Hauck）的书《离开被人随意评价的人生》（*Overcoming the Rating Game*）以及霍华德·杨的《理性咨询入门》（*A Rational Counseling Primer*）。

经常阅读这些资料，时刻提醒自己记住理性情绪疗法的主要观点是什么。

乔治安娜是一位 34 岁的记账员，她来进行理性情绪行为治疗是因为，不管什么时候跟丈夫一起外出，每当丈夫大卫盯着漂亮女人看的时候，她都会产生极大的嫉妒心。她丈夫不承认这样做过，但是她坚持认为他做了，并且还总是在跟大卫做爱时不自觉地想到（这点令她很不喜欢）大卫在头脑中想象的是某个曾经看过的丰满（乔治安娜的胸部比较小）女人。

她会非常生气，因此经常在两人都快要高潮的时候她拒绝继续下去。大卫说："这简直让我快要疯了。"所以虽然大卫依然爱她、喜欢她，但也准备离开她了。

乔治安娜在经过几次个人的 REBT 治疗后，加入了我的一个常规治疗小组，进行了 8 个月的治疗。她意识到自己绝对化地要求大卫只想要她一个人，完全不能想别的女人。她也明白了即使大卫偶尔看看别的女人，跟她亲热的时候想想别的女人，对她自己的美貌和性感也不会造成丝毫影响。当意识到这些之后，乔治安娜看到大卫对其他女人的感兴趣时，只会产生正常的妒忌。

然而几个月之后，乔治安娜的情绪又变得极端和不稳定起来。所以她和治疗小组成员共同制定了 REBT 家庭作业，乔治安娜用了好几周的时间复习、实践本书前几章中提到的关键点：

1. 提醒自己克服嫉妒的最好办法是不再将自我价值与能否满足大卫的性需要联系在一起。很多事实证明，就算无法引起大卫的性趣，她也可以完全接纳自我。

2. 不断在心中告诉自己合理的信念是："就算大卫对大胸女人感兴趣，也并不妨碍他爱我，不妨碍我拥有美好的婚姻！"

3. 不断地反驳不合理信念："大卫只能对我感兴趣！"

4. 特意跟大卫去酒店或其他有机会被别的女人吸引的地方。她假设大卫正盯着别的女人看，然后不断地对自己说："老天！男人就是这样的人。我需要适应它！"

5. 她学会在大卫盯着别的女人看时，区分自己两种不同的情绪，健康的悲伤和不健康的恐惧与抑郁。在此基础上，运用合理情感想象技术，她想象大卫正饥渴地盯着别的女人，然后努力让自己的情绪仅是悲伤和失望，而不是焦虑和自我挫败。

6. 她发现自己找借口不看美国小姐选美比赛，所以设立了惩罚制度，如果刻意回避跟大卫一起看比赛，那每分钟都要输掉 10 块钱。她坚持看完整场比赛，没有输一分钱。

7. 她给自己设立了挑战的目标：就算百分之一万地确定大卫盯着丰满的女人看，对此不只不觉得痛苦，还要享受跟大卫外出的过程。

8. 不断重复 REBT 三大观点，尤其是第三点："只有不断地练习与实践才能让自己变得不善妒。所以最好的做法就是持之以恒、坚持不懈地跟那该死的妒忌作斗争！"

9. 找到自己的兴趣爱好，她给自己设计衣服，她的精力集中在衣服怎么更好看而不是关注自己是否丰满、"丑陋"上。

10. 跟一些也熟悉 REBT 的团体成员和朋友保持交流，这些人会不断地在她重新坠入嫉妒深渊时，帮助她练习 REBT。

11. 运用 REBT 的方法帮助朋友和同事（包括上司），同时这也很好地帮了她自己。

12. 把小组治疗中她自己的部分、我以及其他小组成员的建议进行录音，每周反复听几遍。她坚持阅读 REBT 相关书籍和手册，尽管这些内容此前她都看过好几遍了。通过这样的方式，保证把那些已经大半遗忘的要点铭记在头脑之中。

通过这一系列的强力练习，乔治安娜几乎不再感觉到强烈的嫉妒和愤怒了。她自己、团体小组成员都认为，她已经可以停止治疗，有独立解决问题的能力了。但是她和丈夫仍然坚持参加每周五晚的 REBT 现场示范。她丈夫对她的改变非常开心，并且他本人也因为工作焦虑开始接受纽约埃利斯研究院另一位治疗师的治疗。

REBT 练习16

找到一些你想做而且应该做的事情，但这些事情平时你总是回避，即便是最好的状态也拖拖拉拉，导致效率很低。例如：

- 完成一篇报告或论文；
- 每月检查银行账单；
- 做 REBT 家庭作业；
- 通过电话或亲自上门进行商业拜访；
- 每天按时开始工作；
- 做一个全新的工作简历；

- 回复一封很久以前的朋友来信；

- 把要写的书的框架列出来；

- 准备一场演讲或研讨会。

寻找那些导致回避或拖延的内在信念。尤其是：

应该和必须："我没必要写这么难的论文。""REBT 的家庭作业应该更容易一点。"

痛苦化："检查这些该死银行的账单太痛苦了！""打这些烦人的电话太恐怖啦！"

我受不了了："我受不了穿裙子出席聚会！""真忍不了这么傻的聚会！"

太难了："把写作大纲弄出来都不只是难，简直是太难了！它也难得太过分了！"

自我挫败倾向："对于这场演讲，我没做应该做的准备，而其他人按时准备了，所以说我一定在什么地方有问题，我是一个没有竞争力的人。我真是一个白痴！"

总是和永远："我没能完成必须完成的 REBT 作业，我总是做不好，我以后也不可能做好了。"

绝望："因为我已经迟到 100 次了，我绝对不应该迟到，我简直没希望了，显而易见我不可能准时上班了。"

找到让你深受其害的行为和习惯，即便你知道这些行为和习惯的危害，仍然无法控制自己不这样做。例如：

- 吸烟；

- 暴饮暴食；

- 自卑；

- 酗酒；

- 疯狂购物；

- 因娱乐不做 REBT 作业，例如，看电视；

- 总是因为别人的愚蠢和无能而生气；
- 深陷不必要的恐惧之中（例如不坐电动扶梯或电梯）。

寻找那些让你能即刻满足，让你沉溺在这些行为和习惯的事情。

应该和必须："即使吸烟有害健康，我现在也必须抽完这根。我太需要用它缓解紧张了。"

痛苦化："不能及时行乐，为了改变自我坚持不懈地做 REBT 练习实在太痛苦了！为了将来，必须经历此时此刻的痛苦简直太恐怖了！"

我受不了了："把如此美味拒之门外简直是残忍！我现在就要吃更多好吃的！"

太难了："让我放弃畅饮和吸毒带来的快感不只是困难，而是太难了！简直做不到！"

自我挫败倾向："我没努力完成应该做的 REBT 作业，我还沉溺于及时享乐之中，所以我这人太烂了，我活该受罪。"

总是和永远："我总是买那些其实根本不需要，但当时以为需要的东西来获得短暂的快乐，我永远也改不了了，我会一直这么愚蠢地挥霍下去。"

绝望："我好多次都没能完成 REBT 家庭作业，反而沉浸在不用改变自我时的轻松和暂时的快乐中，没有希望了。我没办法不偷懒，所以说我最好还是看清楚自己的本质，放弃改变自我的念头吧。"

一旦你发现了那些导致低挫折容忍度、自我放纵的不合理信念，请强而有力地反驳这些信念：你应该、不得不、必须、痛苦化、不能忍受、太困难了、自我挫败倾向、你总是、你永远以及你绝望。例如以下几点。

反驳："为什么我的 REBT 家庭作业应该简单易做？为什么我就不应该费点工夫去完成它，而且持之以恒呢？"

回答："没有任何理由支持它应该简单易做，反而有很多理由能证明为什么它应该困难：①因为它本来就很难；②因为我以前没做过，如果我坚持不懈可能它就没这么难了；③因为我已经习惯了做事缺乏理性，有时还不习惯做事这么理性。所以我应该坚持，让它成为习惯。"

反驳："是什么让定期检查银行账目这么痛苦呢？"

回答："没什么痛苦的。其实就事情本身来说，它只是有些烦人。是我让它成了痛苦，用这么愚蠢的方式看待它。所以，我最好停止这么荒谬的想法，合理看待它，它仅仅是比较讨人厌而已！"

反驳："有什么证据能证明放弃酗酒和吸毒的快感是一件非常困难的事情？来证明它没有那么难！"

回答："如果它真那么难，那我根本不可能放弃。答案显而易见，我可以放弃，如果我不那么幼稚地发牢骚，不极度夸大它的困难程度，我就可以接受事情本身的困难。相对而言，抱怨、发牢骚当然很容易。就是因为这太容易啦！所以我最好不要因为一时之气让事情变得更困难。它虽然很难！很艰苦！但是它并不可怕！"

反驳："演讲我没有任何准备，我发现其他人都很快就准备好了，我的这种不良习惯——拖延，是怎么让我变成一个完全没有竞争力的人的呢？"

回答："当然不是这样的。它只是让我在此时此刻、在这个特定的领域、在我的表现上失去了竞争力，我仍然有能力在未来表现得更好，前提是我能鞭策自己前进！如果说我是一个完全没有竞争力的人，那我不可能做成任何事情，这显然不对，因为我可以做很多事。所以是行为本身令我不具备竞争力，而不是我本身存在'人格缺陷'。另一方面，我的确容易犯错，还可能经常犯错。我要怎么才能不再拖延，少犯点错误呢？在此再重复一遍：督促自己，是的，督促！"

反驳："就算我总是买那些其实根本不需要，但当时觉得需要的东西来获得短暂的快乐，又怎么能说我永远都改不了，一直会这么愚蠢地挥霍下去呢？"

回答："当然不能证明！不论我从前多少次愚蠢地挥霍，我都能随时改变。如果过去做错了就代表以后都会错下去，那估计我连乘法都学不会！过去的错误只能说明我容易犯错，其实所有人都是这样的。但是它不能说明我会一直错下去！也不能说明我就永远不能成功！"

反驳："我承认好多次都没能完成 REBT 家庭作业，反而沉溺在不用改变自我的暂时快乐中。但是什么地方写着这样我就不能克服偷懒？怎么就说明我应该承认自己天生爱偷懒，最好还是放弃改变算了？"

回答："当然不能了。正因为人都喜欢趋利避害，正因为我很多次都没能完成 REBT 家庭作业，才需要加倍努力，直到让勤奋成为我的本能为止。无论这件事做起来多么困难，或者克服强迫行为有多难，都不能证明没有希望，不可能改变。有些事情通常看起来很难完成，但往往最终都能做成。幸运的是，改变自我也是这样的，更何况不论从遗传还是环境的角度来看，我都具备自我改变的可能。这意味着什么，只要我持之以恒地努力，我就有可能变得更好！"

无论是在 REBT 还是其他方面都要对退步采取警惕和接纳的态度，关注自己有多少次为了寻求暂时的满足而放弃长远利益、醉心于短暂快乐带来的满足感。坚决停止意志品质低的行为，利用之前所学的方法消除它。强迫自己不断地克制沉迷、冲动和成瘾行为。一旦你再次退步了，无论多么艰难都要强迫自己放弃它，放弃，再放弃。

实质上，所有你戒不掉的坏习惯都会让你获得短暂的快乐，而这个"奖品"让你难以改掉坏习惯，鉴于此，我们就用奖励、强化或者用被斯金纳称为操作性条件反射（很多心理学家也常称为权变管理）的方法来戒除坏习惯。当你偶然发现某个令人愉悦的动作或行为可以用于强化自我，最好这个愉悦程度要比坏习惯带来的快乐强烈，那么接下来就可以在自己拒绝坏习惯之后用这个动作或行为奖励自己。

假设，你想要戒烟，或者想要自己每天摄入不超过 1 500 卡路里（1 卡路里≈4.186 焦耳）热量。接下来找到能够让你产生巨大快乐，并是你希望每天都做的事情。例如听音乐、读报、社交、运动或看电视。然后，只有在自己真的做到有节制的吸烟或者在摄入 1 501 卡路里热量之前不再吃东西，之后才允许自己做那些事情。强化制度一定要严格执行，否则将没有治疗效果。没有任何可以商量的余地！如果你多吸了一支烟或者多吃了 50 卡路里食物，就不能听音乐、不能读报纸、不能看电视，所有奖励都没有。对！什么都没有！

如果能够恰当地使用惩罚，严厉的罚款效果会更好。因为你会感觉到在尝试打破坏习惯和真正开始做的时候，真的很痛苦、很难受。那么，我们就找一个让你更难受的事情，每当自己不能拒绝坏习惯，每当自己尝试放弃甚至愚蠢地故态复萌时，就做这个让你更难受的事情。

再重复一遍，我们假设你非常清楚地知道吸烟绝对有害，但就是不能自控。或者我们假设你超重，为此最好保持每天摄入不超过 1 500 卡路里热量；但是，你每天会摄入 1 800、2 000 甚至 2 400 卡路里热量。那么，当你每次逾越了自己设置的吸烟或饮食界限时，要怎么惩罚自己呢？很简单。设立一个让人感到肉痛的罚款。例如，你吸的每一支烟都是用 20 元点着的；或者，每次你吃一块泡芙就跟一个你厌烦的人聊天至少一小时；或者，每次摄入超过 1 500 卡路里热量时，就跑 2 千米（前提是你厌恶跑步）。或者每次多摄入 5 卡路里热量时就吃半磅你觉得很难吃的东西，或者闻很难闻的味道。

每当你沉溺于坏习惯或是无法维持好习惯（例如做运动或者专心致志做一小时作业）的时候，使用即时强化和即刻（严格执行）罚款的方法并不能让你彻底地改变自己的懒惰习性或者傻傻地沉迷于有害行为中。但是它对你绝对有帮助！

第 *17* 章

REBT观点12：

若你退步，请加倍努力再努力

我们为了自身成长而努力改变自己，然而进步不能一蹴而就，每个人都曾经退步过。你也不会例外！

如果你使用理性情绪行为疗法来消除自身的痛苦而且从来没重蹈覆辙过，这当然非常好。但不要担忧自己什么时候就会退步，因为每个人都会偶尔退步。难道我们可以乞求上苍让自己别退步吗？

我们在埃利斯研究院为来访者准备了《如何保持、巩固REBT治疗成果》的小册子，在手册的第二部分"如何应对退步"中强调了"REBT观点12"：在改善情感困扰的过程中，不退步是一个奇迹。一旦你真的退步了，重新回到REBT探索之路上。尝试，再尝试！

手册第二部分"如何应对退步"的要点如下。

1. 接受"退步是一种常态"。几乎每一个人最初取得进步的时候都会经历这种状况。将之视为"人非圣贤孰能无过"的一部分。当老问题又回来的时候，别责怪自己；别觉得必须自己一个人解决所有的问题，别觉得找别人帮忙是软弱的、错误的表现。

2. 当你退步时，要将自我挫败式的"行为"看作不良的，但要努力避免因为退步而贬低自己。运用 REBT 中最重要的观点，避免评价自己、自己这个人本身、自己作为一个人存在的状态，而应仅仅评判自己的行动、行为和某些特质。

　　我们可以说，通常你是一个有时会做得好、有时会做得不好的人，但不能说你是一个好人或坏人。不管退步多么严重，你再次让自己陷入心烦意乱的状态之中，都需要接纳有这种不好行为的自己，然后再尝试改变自己的这种行为。

3. 回到 REBT 治疗之初，重新审视 ABC，找到是什么让自己退步，以至于又回到了焦虑和抑郁的老问题之中的。A(诱发事件)，你可能又经历了某个失败或被拒绝的事件。B(合理信念)，你可以告诉自己，我不喜欢失败、不希望被拒绝。如果你内心之中只有这些合理观念，那么你会得到健康的负面情绪，即遗憾、后悔、失望或沮丧。

　　但是当你再次感觉到抑郁时，你可能就在思考不合理信念。例如："我一定不能失败！失败太恐怖了！""我一定要被接纳，如果我做不到，我会成为一个不可爱、一文不值的人！"当你被这些不合理信念说服之后，你就会感觉到 C(情感结果)，抑郁和自我挫败感卷土重来。

4. 找到对自己再次造成干扰的不合理信念，像第一次反驳不合理信念时那样去克服它们，再一次马上行动、坚持不懈地与不合理信念进行斗争。你可以这样对自己说："为什么我就一定得成功？难道失败就真的这么可怕吗？"

　　然后你这样回答自己："就算我有那么多理由不希望自己失败，也没什么理由规定我一定不能失败。失败也没什么可怕的，那仅仅会造成一点小麻烦。"

　　其他的不合理信念同样可以如此处理，"哪里写着我就一定得被接纳？难道被拒绝就意味着我就是一个不可爱、毫无价值的人吗？"

然后这样回答："我从来都不是必须被接纳，但是我非常期待被接纳。如果我被拒绝了，哎，那我就是被拒绝了一次的人吧。但是，即使经常被在意的人拒绝也不能说明我是一个不招人喜欢，没有价值的人。"

5. 持续寻找不合理信念、持续跟不合理信念进行斗争。不断这样做，直至形成情感"肌肉"为止（这就像通过不断地体育运动和训练形成身体的肌肉一样）。

6. 别天真地以为单凭改变内在自我对话就能够改变想法。你可能神经质地对自己说："我一定要取得成功，一定要进步。"然后你又理智地改变自我对话："我希望能够获得成功，取得进步。"但是，在你心底可能还是认为"我必须做好，必须被爱"。

在你真正适应合理信念、真正说服自己相信这些合理观念，你的焦虑、抑郁、愤怒情绪真的缓解之前，不要停止努力。一遍又一遍地努力，直至有效的新信念（E）稳固为止。只要你不断地努力，不断地练习，一般都能实现。

如果你只是过脑不过心地说服自己形成有效的新信念，那么你建立的有效信念也只能是表面的、持续时间短暂的。因此我们需要不断、强而有力地进行这项工作。

这样才能够有力地说服自己，真正地体会到："我想要的并非我需要的！无论我多么渴望获得成功，也不用逼迫自己必须成功！""我能忍受被在意的人拒绝，但我不会因被拒绝而死，我还可以享受生活！""没有人该死，没有人是毫无价值的，包括我在内！"

温迪·德莱顿（Windy Dryden），REBT 最高产的学者之一，发明了处理浅层合理信念并使之变得强大、稳固、深层的方法。例如，你这样对自己说："我并非真正需要那些我想要的！无论我多么渴望成功，我都不必一定取得成功！"但是，可能你并没有说服自己的感受与此信念同步。此时，你可以采取反驳这个浅层合理信念的方法，没错，就是反驳合理信念，通过提出更具有说服力的自我回答来反驳合理观念。例如：

浅层合理信念："我不需要那些我想要的。"

反驳："为什么我不需要自己想要的呢？"

回答：①"因为没有那些我也能够活着。"②"这世上没有什么是命中注定属于我的，没有什么事情或是什么人必须满足我的要求。"③"就算我得不到自己想要的，我也仍然可以从其他方面获得快乐。"④"可以设想如果我真的必须得到我想要的，并且我真的做到了，那我也没有足够的时间享受这一切。"

浅层合理信念："无论我多么渴望成功，我也不必一定要取得成功！"

反驳："为什么无论我多么渴望成功，我都不必一定要取得成功呢？"

回答：①"因为很明显，无论我多么努力，我也可能会失败。"②"世界上没有法律规定我必须要取得成功。"③"我是普通人，很自然也很容易会犯错。"④"所有不利因素都可能导致失败，例如生病，能力不足。"⑤"除非我是超人，否则我不可能保证所有事情都成功，但显然我不是。"

如果能够坚持不懈地与浅层合理观念辩驳，你就可以发现它的浅薄之处，把浅层合理观念变成更强劲、更有说服力的合理观念。

托尼是我治疗小组的成员之一，乔治安娜（第 16 章中介绍的个案）也在这个治疗小组之中，托尼看到乔治安娜通过一系列的努力克服了强烈的嫉妒，取得了很好的效果，托尼为了处理自己的退步问题也给自己布置了相似的 REBT 任务。托尼 46 岁，开了一家零售店，对自己的生意十分担忧，并时常处于抑郁之中。他要求自己要取得比上一年更好的销售业绩，尤其是圣诞节来临之际这种要求越加苛刻。如果托尼做不到，接下来的几个月他都会在抑郁中度过。

托尼参加我的治疗小组有一年了，我们每隔几个月就帮他练习接受销售中的不确定性，停止对生意的焦虑。但是他之后又会重新陷入恐慌之中。看到乔治安娜巩固了治疗成果，托尼决定也使用相同的方法。他专心致志地进行这些工作：

1. 首先，让自己再次陷入对零售店生意的恐慌感之中。但是这次，他进行的工作是，体会自己是一个普通人，普通人就会犯错，我们必须承认普遍的不等于是完美的。在小组中汇报自己退步了，汇报的时候努力让自己不感到羞耻，并且让自己的家人和朋友也知道此事。

2. 做到视退步为不好的事情，但不因退步而认为自己是个懦夫。这种自我接纳是克服退步的前提。

3. 托尼再次发现，当自己重历恐慌时，他还是想着不合理信念："我今年一定要取得好业绩！如果销售额下降了，想想就觉得很恐怖。我不能忍受销售额下降之后的艰苦时期。"

4. 他不断、强而有力地问自己："哪里写着我今年一定要取得好业绩？"然后这样回答自己："这只是我对自己的要求！就算我很希望能取得好业绩，这也不是必须的。"

"销售额下降会发生什么可怕的事儿吗？"

"当然不会！它就是会让我觉得非常沮丧，但我的生活不会完蛋。"

"我真的没办法忍受销售额惨淡的一年吗？"

"当然可以！不会倒闭，家人也不会挨饿。明年我还可以做得好一些。"

5. 托尼不断地践行、不断强有力地反驳不合理信念，直至他发现这对他来讲非常容易，他总是能够做到建立有效的新观点（E）。

6. 当他建立新的有效观点（E）之时，他对自己说："太不尽如人意了。销售成绩不佳，那不佳就不佳吧！"他不再为此而痛苦，而是用心思考这个问题："我真心接受了这个'太不尽人意了'吗，还是我心里依然觉得'它是一件令人很痛苦的事情'呢？"再如是回答自己："该死的，不管我接不接受，它都是不尽如人意的。它不痛苦！也不难以忍受！就是太不尽如人意了！"

7. 他多次对自己说："我不再需要好的销售业绩。如果今年没有去年卖得好，我也可以维持，也可以快乐。收入损失不再是一件极其恐怖的事情！"

通过这一系列的任务，托尼偶尔才会陷入恐慌情绪之中。幸运的是，或者从某种意义上说是幸运的，他真的经历了有史以来最差的一次圣诞销售季。虽然感到失望、伤心，但是他没有产生焦虑和抑郁。正如他在治疗小组中所说的：

"这个圣诞节我的销售额急剧下降，损失了很多钱。但是我收获了自己，控制住了自己的焦虑，这比钱更重要。"小组成员很认同他的看法。

托尼因为其他方面的问题继续接受治疗，尤其是他性欲下降的问题。在这些年之中，他第一次接受自己生意不佳。

运用上述 REBT 计划可以帮助自己停止退步、重新进步，前提是你真的坚持按照计划行事。

REBT 练习17

请使用合理情感想象技术（REI）克服当你退步时可能出现的情绪困扰；或者其他曾经历的焦虑、抑郁或者愤怒情绪。

使用合理情感想象技术时，首先，想象你身上可能发生的一件最糟糕的事情。例如，你非常努力进行治疗，要克服自己当众讲话的恐惧或戒除烟瘾，但是现在你又重新回到了治疗前的状态，而且实际情况是你比原来更加害怕当众讲话或每天吸的烟比原来还多。

为了克服自己的恐惧和烟瘾而付出的努力——努力治疗、努力运用 REBT，现在得到的却是重新回到起点，你感觉到焦虑、抑郁或者自我怨恨。可以假设，如果你能够生动而形象地想象这件最糟糕事情的发生，那你会因为自己的失败而感到非常羞耻、愧疚和挫败。这时，给自己一点时间，让自己充分感受这些情感，让自己全身心地感受这些情感。没错，就是要全身心地经历！不要逃避自己的愧疚感和挫败感。相反，要面对它们，让自己真正地感受它们。

在真正充分感受这些情感一段时间以后，督促自己。没错，就是要督促自己去改变这种内在的感受，这样可以避免你只体验过健康的（同样是强烈的）情感。唤起强烈的失望、愧疚、懊恼或者恼火的感受（因为你做了很令人感到挫败的事情——重新回到了最初的恐惧和烟瘾状态），然后摆脱，实质上应该说是改变羞耻、愧疚、抑郁和自我挫败这些不健康的情感。

埃利斯研究院出版了理性情感想象技术的手册（这部分内容也包含在《理性生活指南》的最后一章中），在这本手册中我谈到，别觉得自己做不到，改变不了自己的感受。你一定可以做到的！别忘了最初是你自己，不是外星人，让你产生了那些情感；那么也就是说你同样也可以——对，就是你自己——改变它。而且你随时都可以通过自己的努力，深切地感受到自己内在的情绪，然后再改变它，这样就能够体验不同的情感。你绝对具备此种能力。所以，去尝试，专注于行动！

当你做到让自己只是觉得伤心、遗憾、失望或懊恼（而不是羞耻、愧疚、抑郁和自我挫败）的时候，看看你到底在头脑中做了哪些改变才让自己拥有这些新的、健康的（虽然仍然是负面的）情感。如果观察得足够仔细，那么你就会发现，是你改变了自己的信念系统（B）（或者是不合理信念，或者是头脑中的那些胡言乱语），自然也就改变了情感结果（C），所以健康的感受才能够取代不健康的情感。不论你想象或幻想的诱发事件（A）是什么，通过以上的过程，都能够对产生健康情感结果（C）的合理信念（B）有全面的认识和体验。

在这种情况下，A 只是你退回曾经的恐惧症和成瘾问题的见证者。你的不合理信念是："我不应该退步！退步是一件多么痛苦，多么羞耻的事情！做这种蠢事我简直就是无能！"这样想着，你就会抑郁、愧疚、自我怨恨。此时，如果合理情感想象技术使用正确，那么你就会产生全新的合理观念，例如，"退步的确是一件非常不幸、不开心的事情，但是人们通常都是前进两步，又后退一步的，也包括我在内。甚至有时还会退步两步、三步！我不可能是一个做蠢事的无能者，反而是一个有能力的人，只是有时会表现得有些无能。而且有时做些蠢事也是我的天性！这确实挺让人头疼！但是我确定，未来我可以做得更好，我绝对可以再进步。好吧，之后就让自己再重归 REBT 治疗之旅。"

这些新的合理信念是改变你情感的因素，所以请认真观察、理解它们。所以我们要不断地重复合理观念来一遍又一遍地改变不健康的情绪。如果情绪没有如想象中那般向着健康的方向改变，那么就需要继续想象不开心的经历或事件，然后重复上述改变情绪的工作直至情绪变得健康为止。请记住：是你创造了这些情绪，所以，你毫无疑问可以改变它们。

当面对退步（或其他破坏性的情感和行为），一旦你成功地用悲伤、遗憾、失望、懊恼、沮丧取代焦虑、抑郁、愧疚和自我挫败，一旦你确切地发现头脑中哪些改变了的观念让自己只是感觉不太好，而没有造成混乱，那么就要坚持这个过程。这个过程就是让自己感受到情绪混乱，然后，努力改变情绪，直至感受变为健康的负面情绪为止。在这个过程中，仔细体会为了改变这个情绪而在头脑中的所作所为，然后再不断地重复这个练习。练习到你感觉这个过程很容易就可以做到为止——想象非常不幸的经历（A）（例如在治疗中本已取得一定的进步之后又倒退），这让你产生非常困扰的情感（C），然后将 C 从纷繁困扰的情感变为失望、悲伤。同时观察在这个过程中，你对创造并维持情感的信念系统（B）做了什么。如果能够在几周的时间里，保持每天进行至少一次上述的合理情感想象技术，你将会做到，无论何时你想象相似的不幸事件发生，甚至不幸的事真的发生了，你也会无意识地感觉到不开心、悲伤而不会是不健康的负面情绪，抑郁和自我挫败。

情感想象技术可以在不幸事件（例如退步）发生前使用，即通过想象模拟事件发生，也可以在事情确实发生时使用。如果在事情发生时，你忘记使用情感想象技术，那么可以事后一小时，甚至一天或者两天以后使用。无论发生什么事情，都请按照上述的程序进行治疗，首先让自己感受到不健康的负面情绪，即愧疚、羞耻、抑郁和焦虑，然后努力改变这些情绪，使之成为健康的负面情绪：失望和沮丧。

　　假设为了解决治疗过程中的退步问题（或者其他任何让你感到负面情绪的事情），你打算每天至少进行一次情感想象练习，但实际情况是，你总在拖延，甚至没能完成练习。那么这时你可以找一些自己真正喜欢的事物（例如，阅读、美食、看电视或者朋友聚会）实行奖励强化，每当自己履行诺言时就给予奖励。另外，还可以在不履行诺言时，用一些特别不喜欢的事物进行惩罚（例如，吃很难吃的食物或者早起半个小时）。做情感想象技术练习时，你可以不采取强化或惩罚措施，不过一旦遇到困难时，使用这些方法会对你有帮助。同样，不论你想要解决何种拖延问题，都可以借鉴这个方法，在按时做事的时候给予奖励，在拖延行事时进行惩罚。当然，这个方法绝对不可能让你心想事成，但是这样做通常都是有效的。

第18章

REBT观点13:

你可以极尽所能不让自己再受伤

REBT 有两种解决情绪问题的方法:①立刻见效,但效果有限且不能持久的方法;②效果持久、作用广泛且简洁的方法。即刻见效的方法相当不错,因为它可以让你迅速摆脱那些不健康的负面情绪:焦虑、抑郁、自我怨恨和敌对、自怨自艾。同时还可以一定程度降低嗜睡症、无能感、拖延症、恐惧症、强迫症以及各种症状。

不过长久有效的方法更好,因为它能够让你明白以下内容:

- 如何巩固进步;

- 如何不重蹈覆辙;

- 退步后怎样迅速恢复;

- 如何概括总结由特殊到一般的经验,将解决某一情感问题的成功经验应用到解决其他可能发生的情感问题上;

- 在未来生活中,面对任何可能发生的神经质问题,如何克服它们并巩固效果;

- 面对任何事情如何让自己不再痛苦。没错，就是任何事情。

REBT 认为各种神经质问题的根源在于三种基本模式的"全能""一定要"信念，一旦你克服了自己不符合实际的、不科学的信念，你就会发现自己的情感问题源于相似的不合理信念。之后就可以将这种 REBT 方法应用到其他需要解决的行为上。所以说，REBT 在解决情感问题方面提供了具体和通用的方法。

将之总结为观点 13：一旦把握自己最基本的不合理信念，你就可以将之用于探索、解决、克服现在及以后所有方面的情感问题。

如何将解决这一问题的方法迁移到解决其他问题上呢？以下内容可以帮你做到这点。

1. 首先你要明白，你现在的问题和导致此问题的原因绝非偶然。你需要承认，所有的情感问题或多或少与不合理信念有关。既然与不合理信念有关，那么非常幸运的是，你可以通过坚定而执着地驳斥不合理信念和通过行为对抗不合理信念的方法，让不合理信念消失。

2. 了解导致情绪混乱的不合理信念主要有以下几种：

   a. "我一定要做好并且应当赢得重要的人的认可。"这个不合理信念导致你焦虑、抑郁、自我憎恨，并且让你回避具有失败可能性的事情、逃离可能不好处理的人际关系。

   b. "别人一定不可以对我不公或不好！"这个不合理信念让你生气、激愤、粗暴、桀骜不驯。

   c. "我的生活应该舒适，麻烦事儿应该远离我！"这个不合理信念将会导致意志品质低、不能遭受挫折，自怨自艾，有时还会导致愤怒和抑郁。它同时还是拖延、强迫、各种成瘾症状的罪魁祸首。

3. 当你存在这三种不合理信念时，很容易得出不合理推论。例如：

   a. "我应该做好，但是我没有做到，我是一个无能的、没有价值的人！"（自我挫败）

   b. "我看重的人不认可我，可是我必须得到认可，不被认可太糟糕、

太恐怖了！简直就是世界末日！"（糟糕化；恐怖化；灾难化）

   c. "那些对我不公平的人、对我不好的人，他们绝对不应该这样对我，他们都是彻头彻尾的坏蛋，都应该受到诅咒！"（诅咒）

   d. "我的生活境况很差，生活不应该是这样的，有太多麻烦事儿，这些都让我难以忍受！我的人生简直就是噩梦！"（不能接受客观现实）

   e. "我失败了，我本不应该失败的，我被拒绝了，我绝对不应该被拒绝，我总是失败，总是被拒绝！生活没有希望了，我永远也不会快乐了！"（概括化；绝望）

4. 努力发现不合理信念是怎样经常性、普遍性地影响你，从而产生情感问题的。很多不好的情况都是不合理信念导致的。

   几乎所有让你感到焦虑、抑郁，让你愚蠢行事的情况都是因为你有意或无意地秉持着不合理信念造成的。如果你能成功拒绝不合理信念一次，那么你就可以将之迁移到其他方面，用REBT原则发现自己的不合理信念并消除它们。

5. 如果你能够摒弃心中固执、刻板的"应该""必须""一定要"信念，并用"期待"和"希望"（情感强烈程度相同）来取代它们，那么将没有什么事情能够再让你受伤，因为"期待"和"希望"灵活度更高，包容性更强。

6. 只要你能够坚持不懈地运用科学方法，你就可以改变不合理信念。运用科学思维，不只是对信念同时还包括对自身情感和行为的反应，你会发现其实不合理观念只是一种假设，而不是真实发生的事情。你可以用很多方式实现有逻辑地、基于现实地驳斥不合理信念，例如：

   a. 让自己看到不合理信念都有挫败自我的效果，因为它阻碍你实现目标，阻止你获取快乐。因为，如果你心里固执地认为："重要的事情必须成功，所有重要的人都应该接纳我。"但是你有时会失败，会不被接纳。这时你就会感到焦虑、抑郁而不是健康的悲伤和沮丧。

b. 你的不合理信念是不符合实际情况的，尤其不符合人都不是完美的，都是会犯错的这一事实情况。

　　如果你必须成功，如果世界要求你一定要成功，那么你应该总是成功才对。可是看看实际情况吧，你经常会失败！

　　如果你必须被接纳，你应该不会失望才对。但是清醒清醒吧，你不可能没被拒绝过啊！

　　很明显，这个世界没有对你提出什么要求。虽然你的期待经常能够实现，但是绝对没有谁对你有那些全能化的要求。

c. 不合理信念是合理假设的错误推理，所以它往往是不符合逻辑的、荒谬的。"我非常渴望成功"的合理信念不能引发"我一定要成功"的不合理信念，因为，无论你内心的渴望多么强烈，所谓的公平也不是必然的。

　　尽管科学的方法并不是神圣、万无一失的，但是科学的方法可以让你发现自己信念中的不合理之处以及自我挫败之处，它可以告诉你如何运用事实和逻辑思维放弃不合理信念。如果能够科学地思考，就可以避免教条，对自我、他人以及世界的变化都保持开放的态度。

7. 试着为生活找一些目标，你做喜欢做的事情，但永远不必要求自己一定要做到怎么样。时常观察自己是如何对待这些目标的。偶尔修订目标，看看自己在实现目标时有什么感受。你不必一定要有长远目标，但是长远目标会很有益处。

8. 一旦你的生活陷入痛苦、了然无趣之中，回顾上述内容，并努力使用它们改变自己。因为那样的生活只能给你带来伤痛，别无其他可能。

　　然而，我很多的来访者不愿意使用 REBT，即使这种方法能够快速，有时甚至可以称为"奇迹般地"解决他们的问题。因为来访者容忍挫折的能力很低，因此他们往往拒绝 REBT 式的治疗方法。

　　玛尔维娜就是这样的。她第一次接受 REBT 治疗时还是一名将近 19 岁的学生，非常有魅力，主修历史学。她天资聪颖（尤其在音乐方面），但是非常不擅长交往，过于羞涩，不能跟人约会，也没有非常好的同性朋友。她还觉得自己不够漂亮、不聪明，也没有非常明确的职业目标。她严重抑郁并时常有自杀的想法。她憎恨父母，她的父母也严重抑郁，她认为自己的问题是父母导致的。

　　三年的精神分析治疗对玛尔维娜帮助甚微，唯一的收获就是让她更加仇视自己的家庭，更加依赖分析师。虽然她的朋友们想尽一切办法帮助她，希望她能够不再依赖分析师，但是一切都没作用。这样的情况一直持续到她的分析师心脏病发，退休并搬到了佛罗里达为止。玛尔维娜尝试通过电话跟他保持联系，但是分析师最终拒绝接听她的电话。她愿意来见我的唯一原因是我跟她的分析师年龄相当，都是 51 岁，并且我长得还跟他有些相像。

　　经过几个月的治疗，我跟玛尔维娜毫无进展，我努力帮助她，让她看到自己扭曲的、自我挫败式的信念而不是关注其父母的"恐怖教养方式"，这些让她感到抑郁。起初，她并不能接受 REBT 的理论假设。

　　我依然努力帮助她察觉自己众多的不合理信念，尤其是"我必须总要像大家期待的那么美丽、聪慧、可爱，一旦我做不到这些我就毫无价值！"最终她承认，"我想你是正确的，我怎么这么傻，让自己不开心。"但是她没有马上努力让自己放弃不合理信念，而是责怪自己"如此愚蠢"。之后，她变得更加抑郁了，前提是如果她还能更抑郁一点儿的话。

　　有好几次玛尔维娜谈到太多自杀的想法，因此我鼓励她服用一些抗抑郁药物，考虑入院治疗。她拒绝考虑服用药物，可能需要入院治疗让她有种危机感，给了她接受并使用 REBT 方法的动力。

　　首先，玛尔维娜不再因为自己现在的困境而责怪自己。她努力控制自己不再为了此时的情绪困扰而抑郁，并开始接受伴随抑郁情绪的自我。

　　当玛尔维娜不再因为自己的抑郁状态而责怪自己时，她简直是我见过最放松的抑郁患者，但即使这样，她有时还是会怪自己难看（她觉得自己鼻子太大了），责怪自己愚蠢（她数学成绩只能拿 B 而不是 A），责备自己缺乏职业目标。但是，因为她确实发现了 REBT 理论所述的 ABC，看到驳斥不合理信念对消除不合理信念具有何等的帮助后，让她明白自己也可以不抑郁，所以她下定决心要克服所有的自我挫败信念。

她真的做到了。玛尔维娜努力接纳自己的"不好看"——之后，她就发现其实自己相当有吸引力；她不再责备自己"愚蠢"——此后，就看到其实自己是很聪明的。她说服自己没有职业目标并不是一件很痛苦的事情，只是有些让人心烦而已——之后，她开始计划为自己找到一些目标。

虽然玛尔维娜现在已经意识到自己的魅力和智慧，但是她还在坚持使用合理情感想象技术，把自己想象成真的变成很丑陋、很愚蠢的样子。然后，她努力让自己不抑郁，只是感到些许的悲伤和遗憾，因为她对自己说，即使现实真的如此残酷，她也有能力接纳自我，并努力让自己成为一个快乐的人。

不再妄自菲薄后的几个月，玛尔维娜终于不再感到抑郁。不仅如此，更可喜的是她觉得只要努力克服自我挫败式的信念就可以很快降低焦虑、羞耻的程度。

为了巩固效果，玛尔维娜还处理了可怕化和过度概括化倾向，并得出"数学不好不是一件非常可怕的事情，只是让人有些烦恼！"的结论。她努力改善不能接受客观现实的情况，直至说服自己，"虽然我永远不会喜欢自己的大鼻子，但是我能够接受它。"还有，她顽强地跟绝望的想法作斗争，并用"虽然我现在还没有找到适合自己的职业，但这不代表我永远都找不到。虽然找到自己真正喜欢的事业不是一件容易的事情，但希望还是有的。"来取代绝望的想法。

除了自己使用科学的思维方式，顽强地驳斥教条式的"一定要"信念，她还帮助朋友们发现并驳斥不合理信念。在这方面，她做得非常出色，所以她找到了自己未来的职业。她完成了临床心理学的学业，在过去的 15 年里，她已经是一名非常出色的理性情绪行为疗法治疗师了。现在，她挚爱自己的职业，有亲密挚友。在约会几年以后，她结婚了，现在女儿都已经 9

岁了，而且她是一个快乐的（也是拥有合理信念的）妈妈。

是因为玛尔维娜是一个成功的心理学家、妻子、母亲和朋友，所以她才会如此快乐吗？这些当然是其中的原因。但是我在学术会议上遇到她时，她说就算她在这些方面都没有成功，她也不会抑郁，不会焦虑。我相信她的话，因为她已经非常努力，并成功地将 REBT 理论中的 ABC 和 DE 迁移应用到生活经历中一切可能的焦虑、抑郁情绪之上。

当你用 REBT 的方法解决遇到的问题时，也许你不必像玛尔维娜那样，努力将 REBT 用于解决所有情感问题。但是一旦你这样做了，确实展开了行动！如果你能遵循观点 13 所述的内容，你就能用合理信念帮助自己解决一个问题，并且通过这个过程让自己清楚，还可以运用这个方法解决其他的神经质式的问题。重申一次，前提是你能努力这样做！

REBT练习18

试想一下，你已经克服了一个很严重的焦虑问题，如恐惧写作、当众演讲、性冷淡或者工作表现欠佳。对已经解决的问题你感觉非常好，但是现在你又发现自己产生了新的恐惧，在派对或社交聚会中不敢与人交流。

首先，感受一下，在面对新的焦虑问题时，你的情绪感受是否不健康——挫败或者抑郁。如果感觉到抑郁，那么就要使用合理情感想象技术，让挫败的情绪感受变为仅仅对自己的表现失望，但绝对不讨厌自己——不讨厌自己这个会退步的人。为了改变不健康的负面情绪，你需要进行合理的自我评价，例如，"我不愿意退步，不喜欢自己又有了不合理信念，产生了新的恐惧，但不能因为这一次的行为就对自己做全盘的负面评价！"或者"有了新焦虑问题的确不好，但是话说回来，我在人际交往这方面还不太擅长，以后我会努力做到更好，减少失败的概率，但是我不可能是完美的。"

不论你的不合理行为是什么，一旦你真正地接纳了自我，就会尝试寻找导致新问题的不合理信念与已经被克服的不合理信念之间有什么共同点。例如，你之前是担心工作表现欠佳，现在是害怕社交聚会。

先前的不合理信念可能是："我必须给同事们留下深刻印象。"新的不合理信念可能是："我必须给参加聚会的人留下深刻印象。"

继续找共同点。先前的不合理信念可能是："同事们不能奚落我。如果他们奚落我，我又没有反击，那我就是傻子！"新的不合理信念可能是："参加聚会的人不应该轻视、嘲笑我。如果他们这样做了，而我又没骂回去，我就是笨蛋、是白痴！"

发现了共同的不合理信念之后，你就会明白它是如何运作的，让你产生了新的恐惧问题，这时就可以借鉴之前的成功经验，使用相同的驳斥手段、相同的方法，并坚持不懈直至你能克服新的恐惧为止。

其实导致焦虑、抑郁、愧疚、敌对、自我挫败的基本不合理信念只有几个，当你觉得自己又产生了新的问题，或是原问题的变种，心里要这样想，你可以再一次找到那个不合理信念。一旦找到了不合理信念，只要你坚持去找，就会找到，就用解决原来情绪问题时有作用的那些驳斥技术、REBT 程序来解决这个不合理信念。千万别放弃！要坚持不懈！接着，你会发现，相似的神经质症状都根源于相似的不合理信念。尝试总结概括经验，并思考一下这个过程通常是如何运作的！

很多自我挫败式的行为与上述情况相似。过去你可能暴饮暴食，你找到了自己的不合理信念。例如，"我需要美食，我不能忍受没有它的日子！"通过克服不合理信念成功地改变了暴饮暴食的习惯。现在你可能又无法控制吸烟或喝咖啡，这时你会发现自己信念中的"需要"和"不能忍受"，正是这些让你无法自拔。如果你曾经向自己证明了你可以不需要美食，可以忍受没有美食的日子，那么现在你同样可以证明，你不需要抽烟、喝咖啡，你绝对可以忍受没有它们的时光。就好像你一度不情愿地强迫自己拒绝美食一样，现在你也可以拒绝过量的香烟和咖啡。当你强迫自己拒绝它们的时候，你会感到不舒服，但你还可以总结自己成功使用 REBT 的经验。例如，你已经成功克服了因为没有每周去探望亲家而产生的愧疚感，你曾经这样对自己说："他们生气不是因为我没有经常去拜访他们。他们生气是他们自己的问题。但是这样也不太好！他们恨我吗？他们当然恨我！但就算他们恨我，我也可以带着这份憎恨继续生活。最坏能怎么样呢？我跟亲戚们的关系一塌糊涂，但即便如此我也不会是各个方面都一塌糊涂的人！"现在，你要克服因其他事情而产生的愧疚和羞耻感。例如，当众暴露了自己的一个缺点或因为自己不是最好的父母。你可以通过概括 REBT 的成功经历，然后利用相似的方法解决此方面产生的新问题。

每当运用 REBT 成功克服了某方面的困扰后，你要问问自己怎样才能用这个方法克服其他方面的问题。然后不断循环地练习使用 REBT 技术，直至它成为你的本能，你可以自如地运用它解决多方面的问题。

第 19 章

REBT观点14：

你可以不再为任何事而惶惶不可终日

或抑郁沉沦

现在我们来假想，如果最不幸的事情发生在你身上——记得，是最不幸的哦，这时你还能否保持淡定，不让自己惶惶不可终日或是整日愁容满面吗？

答案当然是肯定的，你有这个能力。

别忘了人类是具有创造力的。即使只是部分地运用创造力，也可以让我们在任何不幸中平静，甚至有时还能让自己快乐。

几年前一位美国的著名音乐家告诉我这样一则故事，在这里我将这个非常极端的事例与大家分享。这位音乐家认识一对已经退休的夫妇，这对夫妇曾有一个聪明又可爱的儿子，但是他在 6 岁的时候因罹患肺炎过世了。儿子的过世对他们的打击很大，很长一段时间都深深地影响着他们。也正因为这样，后来他们也曾努力尝试再要一个孩子，但一直都没有成功。

在儿子过世多年后，有些人会问他们："失去这么聪明的孩子很伤心吧？想想如果他现在还活着生活该多美好啊。你们伤心的时候，他会安慰你。现在他可能都已经结婚了，你们现在都可能抱孙子了。失去挚爱一定很痛苦！"

"哦，其实没有，"这对夫妇会马上这样回答，"当我们想起马文和他的离去并没有感觉到伤心。"

"你们不伤心？"人们都会很吃惊地疑问。

"对，我们当然不伤心。他是一个好男孩，他在世之时所经历的时光都是快乐幸福的。现在他离开了，我们相信在天堂上帝会给他最好的照顾，在那里他会永远继续快乐幸福的。所以对他身上所发生的事情我们并不觉得需要悲伤。"

之后这对夫妇就会露出满脸真诚的笑容，让人们相信在面对如此残忍的事实时，他们仍然快乐。

是掩饰吗？防御性否认吗？也许我会说，是的。这对夫妇压抑了无意识之中的悲伤甚至抑郁吗？我还是同样的回答，也许是的。所以我在这里讲述这个故事的意思绝不是建议他们否认自己痛失挚爱的事实。其实，我对此也非常怀疑。

那我说这个故事是为了什么呢？我想说："人是可以改变自己情感的。"不论发生什么事情，如何感受这件事情都可以由你决定，你可以这样选择也可以那样选择。可选择的情感范围是非常广阔的。

想要尝试探索一下自己情感选择的自由程度吗？好的，我们来做个实验。首先我们设想最不幸的事情将要发生在自己身上了——就是那种你清楚知道自己不喜欢的事情，那些很容易就让你感觉焦虑、抑郁或暴怒的事情。接下来我要给你呈现一些残酷的事，并且询问你，有没有努力运用本书中所说的那些 REBT 观点，你是怎样合理地应对这些事情的，是如何让自己保持健康的悲伤、不开心、烦恼，而不是让自己陷入不健康的恐慌和自我伤害的。

准备好了吗？

问题：假如在遍寻很久之后，你终于找到了适合自己的工作，但是你上班迟到、工作懒散、对老板阳奉阴违，然后被解雇了。这时，你会在理智和情感上对自己说什么？

REBT 回答："太倒霉了！这次我确实表现得不太好。但不可能因为这次的失败，我就变成一个没有竞争力、笨拙的人了，也不能因为一件事评价自己。我需要思考，现在做什么才能再找到这样好的工作，然后努力工作，让老板满意呢？就算以后找不到这么好的工作了，我也要尽我所能做到最好、最高效当然也要最快乐地工作。"

问题：假如你发生了严重的交通事故，失去了一条腿或一条胳膊或者失明了，试想一下你将如何生活下去？

REBT 回答：这不是什么好事儿！对此，你肯定会有比较强烈的丧失感，并且感到沮丧。但是一定要每天愁容满面吗？当然不是，如果你能够这样对自己说，"虽然失去了很多能力和快乐，但是我还有很多有趣的事可做，我可以找到补偿的方法。不去关注那些我已经失去的，专注于我还可以做哪些有意思的事，我能够拥有哪些快乐，这样做就会让自己成为一个快乐的人。"

问题：假如你低价买入一只股票，很担心到底能涨到多少，在小有盈利的情况下就抛售了它，因为没再等一会儿，结果你少赚了很多钱。你能做到不为此痛心吗？

REBT 回答：你绝对可以做到！因为，即使你选择了错误的抛售时机，其他买这只股票的人都赚了个盆满钵满，你也可以做到让自己只是感觉到健康的失望而不是怨恨自己。你可以这样对自己说："第一，如果我选择了赌一把，就需要明白既然叫做赌博就不可能有永远的赢家。第二，没有谁买股票能总保证最大收益。我当然也不能！第三，我最起码做了一笔成功的交易。这是多么幸运的一件事啊！第四，通过这件事给了我一次机会，让我明白让自己陷入焦虑的过程，让我想清楚以后怎么才能不再如此焦虑。第五，赚一大笔钱我当然会很开心。但是如果我能不因为赚少了而责备自己，小有盈余也能很快乐。"

问题：假如你挚爱的妻子／丈夫，或者你非常在意的密友去世了。你怎样才能做到合理地应对如此巨大的丧失？

REBT 回答：在不带有任何个人喜好的前提下，请不埋怨你所不能改变的事实。可以坚定地对自己说："死亡是不可避免的，我不能阻止死亡的降临。我会非常想念他，我会感觉到很孤独、苦闷。但是，我可以回想我们共同度过的美好时光。接着，我会发现他曾经带给我多少欢乐。但是，感觉就是感觉，感觉是我的，我也可以跟别人也找到类似的感觉。现在应该想想，可以做些什么提高自己爱的能力，找到一个合适的人去关心。"

问题：假如你对以前非常喜欢的事情忽然没有一丝热情了，例如，运动、工作、浪漫的爱情或者性。这让人很抑郁吧？

REBT 回答：不应该说抑郁！你当然会减少一些快乐、少一些享受，但生活不会毫无乐趣。除非你傻到这样对自己说："我必须喜欢以前的爱好。"这样想着，你就把自己的整个人生都毁了。即使你现在不喜欢运动、工作、性或者别的什么，在你有生之年，也可以找到其他感兴趣的事物。是什么呢？这需要你去寻找、去实践、去发现。如果你不再认为人生必须对某些事物感兴趣才能幸福，那么即使是思考也会让人觉得很舒服，甚至是看广告也会让人快乐！

问题：假如你患了某种慢性病（例如，癌症早期），你真的觉得生活没有了一丝乐趣，你心里明白疾病的疼痛会伴随自己直至死亡。这时，要做些什么才能让自己不觉得痛苦呢？

REBT 回答：身体方面能做的很少，情感方面也很难。如果我处在这种情况之中，又没有什么重要的事情需要我去完成——例如帮助我心爱的人或者有某项重要的事情要做——我可能会理性、冷静地选择让自己不那么痛苦地离开。我知道生活是美好的，但是生活不可能是一帆风顺的，不可能在所有情况下都是美好的。所以，如果痛苦已经让我与快乐绝缘，我会觉得生活了无意义。但是我不会绝望地离开。我会感恩曾经拥有的时光，为自己身体上的疼痛感到悲伤，并为能想到尽快结束这种痛苦的办法而感到高兴。或者我也可以选择将注意力集中在某个重要事项上，例如将正在写的书完成，然后，忍受身体上的疼痛直至达成目标。或者我也可以理性思考，告诉自己即使是这样不好的情况也没有什么可怕的。

问题：假设你终于寻觅到此生挚爱，跟他在一起的时光非常快乐，但是因为你太在意而表现得过于卑微，他最终离你而去，与别人双宿双栖。这时，你要怎样努力才可以让自己避免痛苦呢？

REBT 回答：尽最大的努力不让自己感到痛苦。可以对自己说："不被喜欢的是我的行为表现，这不意味着我是个令人讨厌的人！我需要承认，是我让自己不被人喜欢，破坏了美好的关系。但是我还要再次澄清一下，上述所说的那些都不能证明我非常让人讨厌。以后我会特别留心，不会再这样，而且努力让他回心转意。就算他不可能回头了，我也可以再找到真爱，这次我会做得比上次好，努力建立一个良好的关系。"

问题：想象一下如果人类即将灭亡。你会怎么想，又会做些什么呢？

REBT 回答：如果是我，我会这样回答。起初，我会觉得非常悲伤和沮丧。我可能会这样对自己说："人类为什么这么愚蠢！还有什么活着的必要！""但是如果，这就是人类的生存之道，那么就应该顺其自然！"然后，我会在最后有限的时间里，享受最大的快乐——美食、恋爱。

这些问题和回答说明什么呢？在生活中，难受、痛苦、挫败、拒绝、丧失等是不可避免的。生活就是如此，总是麻烦不断。但如果通过努力和理性，良好地处理这些麻烦，就可以促进人的成长，不过我们要谨记世事无绝对。

生活的确艰苦。但也仅仅是艰苦，而并非痛苦、恐怖。

至此为止，你是否已经准备好过幸福的生活了呢？

附录

不合理性是人的天性

在陈述任何不合理性基本假设之前，我们首先需要对附录中呈现的"天性"和"不合理性"两个重要概念进行界定。"天性"指某种具有先天（也包括后天）性质的特质或特性，它部分源于人类本能，使个体容易以某种特定方式表现。但是，天性并不代表这种特质或特性就是与生俱来的，不可以改变的；也不意味着没有这种特质或特性个体就不能生存、倍感痛苦。简而言之，因其基因遗传性及（或）生物本能性，个体比较容易发展出这个特质，要改变这个特质存在一定程度的困难。

"不合理性"是指所有导致个体感到自我挫败或自我创伤的信念、情感和行为。自我挫败和自我创伤将严重影响个体的生存及幸福感。更具体地说，不合理行为通常包括以下几个方面：

1. 人们总是遵循现实原则，但是在一些重要的领域事情并非如此。

2. 总是做出不合理行为的人通常都有明显的自我否认倾向。

3. 不合理行为严重破坏良好的社群关系。

4. 不合理行为影响人们实现理想的人际关系。

5. 不合理行为妨碍工作收益和获得快乐。

6. 不合理行为会破坏诸多方面的兴趣爱好。

本文的主要假设是：在很多方面，人们总是不断地、以不合理的方式行事。几乎所有人一生之中都是如此，只不过强烈程度不同。因此，我们有理由认为不合理性是人的天性，人们总是与家人、自己社会文化的教导对抗，频繁地推翻自己的想法、质疑自己的决断。虽然有改变的可能，但人们的不合理倾向更像是根深蒂固的，是人们生物性（以及社会性）的本质属性。

最早的历史学家和哲学家也曾对此假设进行过讨论，经年累月，该假设已经获得了很多权威人物的支持，如弗雷泽（J. G. Frazier）、克洛德·列维－斯特劳斯（Claude Levi-Strauss）、埃里克·霍弗（Eric Hoffer）、沃尔特·皮特金（Walter B. Pitkin）以及拉切列夫（O. Rachleff）。帕克（R. S. Parker）指出，"绝大多数人都具有自我挫败的倾向，行事总是与自己志趣相违。"我从未给任何一位心理学家或心理治疗师推销这个非常明显的结论，也从未向他们论述或暗示人的不合理行为源于生物学倾向，但还是有很多环境论者群起攻之，带着惊骇的表情，口沫横飞地批判我是客观、科学思维的背叛者。

面对质疑和批判，这篇附录应势而生。下面将给诸位呈现"人的不合理性是自然本性"这一假设背后蕴藏的原理并进行简明扼要的说明——假设的支持性证据浩如烟海，因此我认为确实需要一些篇幅对此进行适当的介绍。本章概要将致力于对人类存在的主要不合理性进行概述，并对"不合理天性"的逻辑和心理原因进行介绍。

首先，我从多年来收集的千百种不合理性表现中选择了一些比较典型的在此介绍。当然，接下来你可能会觉得这些行为表现看起来并不是完全的不合理，因为严格来说这些行为看起来还有些好的方面（可是又有哪个行为是彻底不好的呢？）一些人甚至认为这些行为表现的好处大于坏处，例如被埃里克·霍弗称为"狂热分子"的那些人。但是，几乎任何合理客观的人都能发现，这些行为相当愚蠢、不符合客观实际，严重影响人的生存和幸福感。

1. 习俗与从众不合理性

   a. 过时与刻板的风俗习惯

   b. 喜新厌旧、奢侈的时尚

   c. 暂时的时尚和当前热潮

   d. 与王室和贵族有关的风俗

   e. 与节日和庆典有关的风俗

   f. 缘于习俗的赠送礼物

   g. 与社会事件和年代有关的风俗

   h. 与求婚、结婚和婚礼有关的风俗

   i. 成年礼、受戒仪式等

   j. 学术仪式和典礼

   k. 各种学校恶作剧传统、兄弟会之类

   l. 宗教仪式和典礼

   m. 关于习俗和仪式的科学论文

   n. 各种割礼习俗和仪式

   o. 刻板的礼节和行为规范

   p. 严格的法律

   q. 强烈地服从权威倾向，即使权威有时提出无理要求也会不由自主
   地服从

2. 与"自我"（Ego）相关的不合理性

   a. 自我神化倾向

   b. 强烈要求自我优于他人的倾向

   c. 要求对自我进行全面、整体、详尽评价的倾向

   d. 拼命追求地位的倾向

   e. 努力证明自己而不是自得其乐的倾向

   f. 认为人的价值取决于是否具有某种或某些才能的倾向

   g. 用家人的表现来评价或贬低个人的价值倾向

   h. 喜欢通过一个人的学校地位、周围邻居的素质、居住的社区品

　　　质、来自的省份或国家来评价这个人的价值

　　i. 贬低或折磨自己的倾向

3. 与偏见有关的不合理性

　　a. 歧视

　　b. 教条

　　c. 种族歧视

　　d. 性别歧视

　　e. 政治偏见

　　f. 社会和阶层偏见

　　g. 宗教歧视

　　h. 外貌歧视

4. 不合理信念的常见种类

　　a. 过度概括化

　　b. 扩大化或夸张化

　　c. 无理推论

　　d. 反实证表述

　　e. 绝对化要求

　　f. 受暗示性强

　　g. 自相矛盾

　　h. 过于理想化

　　i. 忠于非现实、非客观

　　j. 迷恋不可证实的事实

　　k. 短视

　　l. 过分谨慎

　　m. 非此即彼

　　n. 存在"应该"、"必须"、"一定要"的想法

　　o. 对确定感的强烈需求

　　p. 愿望式思维

q. 没有主见

r. 学习困难

s. 难以忘却和再学习

t. 唯心主义，认为只要一个人强烈相信某事物则必有其客观事实和道理存在

u. 坚信应该尊重他人与自己持有不同观点，概因其必有自身道理

5. 不合理经验和感受

a. 坚信人深刻经历并强烈感受到某事物的存在，那么此事物必然是客观存在的、真实的

b. 坚信人对某事物的经验越强烈，则该事物就越客观真实

c. 坚信因为对某事物有感觉，则在现实中这个事物就真实客观存在

d. 认为真实而深刻的感受就是合理和健康的

e. 坚信强大的信念、强烈的感受（例如，洞悉整个宇宙的一种神秘感）存在，它们是由更深层、重要和真实的观点组成而不是一种理性的想法和情感

6. 习惯所致的不合理性

a. 无意中轻易习得自我贬低和自我挫败的习惯

b. 无论意识层面对不合理性有多么清晰的认识，自我贬低和自我挫败的想法仍然无意识地自动化运转

c. 没有决心、缺乏解决自我挫败倾向的办法

d. 为不改变自我挫败习惯找借口和理由

e. 暂时成功克服自我挫败倾向后又再退步

7. 成瘾类自我挫败行为

a. 暴饮暴食

b. 烟草成瘾

c. 酒精成瘾

d. 药物成瘾

e. 镇定类药物及其他类药物成瘾

  f. 工作狂，以牺牲快乐为代价疯狂地工作

  g. 极度渴望认同和被爱

8. 神经症和精神症状

  a. 过度及破坏性焦虑

  b. 抑郁和绝望

  c. 敌意及愤怒

  d. 极端的自我贬低和自我伤害

  e. 极度自怨自艾

  f. 孩子般的夸大事实

  g. 逃避现实

  h. 偏执思维

  i. 幻想

  j. 幻觉

  k. 精神病态

  l. 躁狂

  m. 极端退缩或紧张症

9. 宗教不合理性

  a. 对未证实事物的虔诚信仰

  b. 对教义的盲从

  c. 坚信超自然力量必然存在

  d. 坚信超自然力量或神对自己与众不同或在关注自己

  e. 坚信存在天堂和地狱

  f. 宗教偏执

  g. 迫害异教徒

  h. 宗教战争

  i. 恪守教条、仪式和禁忌

  j. 禁欲和极度的清教主义

  k. 宗教信仰，快乐是有罪的

    l. 坚信神能够听到祈祷

    m. 坚信人的精神或灵魂可以完全脱离肉身

    n. 坚信灵魂永生

    o. 坚信超人类的力量不可能存在

10. 关于人口的不合理性

    a. 世界各地人口激增

    b. 缺乏有效避孕方法的教育

    c. 家庭供养孩子数量超出自身负担能力

    d. 限制计划生育和堕胎

    e. 部分国家故意造成人口剧增

11. 与健康相关的不合理性

    a. 空气污染

    b. 噪声污染

    c. 药物广告和促销

    d. 疏于健康教育

    e. 有害的食品添加剂

    f. 无限制的药品价格以及有害健康的合成设施

    g. 不必要的手术程序

    h. 讳疾忌医，需要诊断和药物的人回避内科医生和牙医

    i. 忽视药物研究

12. 接受非现实

    a. 大部分人接受并追随不客观的神话

    b. 普遍接受并追随极端浪漫主义

    c. 普遍接受愚蠢的、残忍的童话故事

    d. 普遍接受科幻电影

    e. 普遍接受不切实际的电台节目、电视剧和小说

    f. 盲目乐观

    g. 空想主义

13. **政治不合理性**

   a. 战争

   b. 隐形战争及冷战

   c. 内战

   d. 贪污腐败

   e. 愚蠢的选举和投票程序

   f. 政治动乱

   g. 恐怖主义

   h. 政治迫害

   i. 极端爱国主义

   j. 极端民族主义

   k. 永恒的国际争端

   l. 破坏国际协作意图

14. **经济不合理性**

   a. 资源浪费及环境污染

   b. 自然资源利用率低，可持续性发展差

   c. 经济封锁和经济战争

   d. 不必要的雇用关系争执和冲突

   e. 牟取暴利

   f. 商业贿赂、贪污及盗窃

   g. 极度寻求经济地位

   h. 工会贿赂、贪污腐败

   i. 误导性及虚假广告

   j. 愚蠢的商业及劳动协议

   k. 无效率的工商业

   l. 愚蠢商业风俗成瘾

   m. 不公正及无用的赋税

   n. 沉迷赌博

o. 迂腐的风俗观念（例如，风光葬礼、宠物葬礼、婚礼、酒会等）

p. 劣质材料生产

q. 缺乏理性消费的宣传和控制

r. 无能的福利系统

s. 不作为的政府机构

15. 不合理性逃避

　　a. 拖延

　　b. 彻底回避某项重要事情；不行动

　　c. 不能面对现实

　　d. 嗜睡以及故意让自己睡眠不足

　　e. 拒绝进行充分练习

　　f. 对未来缺乏思考和打算

　　g. 不必要的自杀

16. 不合理性依赖

　　a. 对认可及爱的渴望

　　b. 追寻权力地位

　　c. 相信超人、神和魔鬼的存在

　　d. 成年后依赖父母

　　e. 依赖帮助者、领路人或治疗师

　　f. 需要英雄

　　g. 渴望解决问题的神奇方法

17. 不合理性敌对

　　a. 因人的某一行为不符合期望或不公正而全盘否认此人

　　b. 要求他人一定要做自己喜欢的事情，如果不这样就怨恨他们

　　c. 设定完美标准，并要求他人必须按此标准行事

　　d. 要求世界应该是正义与公平的，一旦经历不公就怒不可遏

　　e. 认为生活中不应该存在困难和烦恼，否则就感觉痛苦不堪

　　f. 痛恨不幸，但从不想办法努力解决不幸，反而极度痛恨造成一切

不幸的人和事物

g. 无法忘却过往的不公正对待，总是跟那些不公正的人作对

h. 清楚地记得被不公正对待的细节，总是被这些细节和人困扰着

18. 不合理性寻求兴奋

a. 嗜赌成性，无论输了多少还是强迫性赌博

b. 追求一时畅快，以牺牲其他方面换取花花公子或寻乐女子般的生活，而不是追求稳定的幸福

c. 参加危险性体育运动和娱乐活动，例如登山、打猎或在有危险的情况下滑雪

d. 故意在没有避孕措施或性病预防的情况下性交

e. 参与大学欺辱行为或者有危险性的恶作剧

f. 谎报火警

g. 危险的争斗

h. 为了寻求刺激而偷窃或杀人

i. 为了寻求刺激而吵架、打架、参与动乱或战争

j. 为了寻求刺激而参加残忍的活动，例如殴打海豹宝宝或斗鸡

19. 不合理性魔法相关观念

a. 相信魔法和巫术等

b. 相信占星术

c. 相信颅相学

d. 相信灵媒和灵魂的存在

e. 相信万物有灵

f. 相信第六感 / 相信超感官知觉

g. 相信恶魔存在和驱魔

h. 相信祈祷的力量

i. 相信存在超人和上帝

j. 相信诅咒和拯救

k. 相信人在做天在看

l. 相信上天在看着每一个人，并按照意义原则约束人的生活

m. 相信人世间所有事物是一个整体

n. 相信永恒

20. 不合理性非道德认识

a. 以不道德和违法行为反抗严格的道德准则

b. 因从事不道德和违法行为而被捕或受到严厉惩处

c. 当在刑事犯罪活动中很有可能获得诱人收益而惩罚不重的时候，从事不道德和犯罪行为

d. 坚信天网恢恢疏而不漏，但偶尔事实并非如此

e. 认为既然能够侥幸逃脱一次，就能够有第二次、第三次

f. 屡教不改，就算受到了严惩还是无法改变自己的不道德行为

g. 犯罪、袭击他人、杀人后没有表现出一丝良心的谴责

21. 与意志品质低和享乐主义有关的不合理性

a. 贪图一时享乐，不做长远打算

b. 痴迷一时的满足感，而不去思考这到底有多大价值

c. 当发现为长久利益需要延迟满足，克制一时欢愉时，就抱怨，自怨自艾

d. 为了贪图一时享乐而罔顾安危

e. 只愿意过舒适、安逸的生活，不能为了更加长久的安稳而忍受一时的不适

f. 不能戒除不良嗜好，因为不能忍受即刻产生的不适感

g. 由于过于夸大活动中繁重的一方面，从而不愿继续一项有益或令人满意的活动，而且坚信这样的困难根本不应该存在

h. 为了能够拥有舒适环境必须付出等待或努力时缺乏耐性

i. 拖延对自身有益的事情或已经自我承诺要做的事情

j. 对稀缺商品的销售具有不可抹杀的功劳，因为他们认为这些商品自己未来一定会非常需要

22. 不合理性防御

    a. 不良行为合理化，不能尝试坦诚地承认错误并努力改进

    b. 否认自己确实表现不佳

    c. 回避、掩盖自身的一些严重问题

    d. 无意识地压抑一些自己感到"羞耻"的行为，因为一旦这些行为被自己意识到，就会产生强烈的自我谴责或进行残酷的自我惩罚

    e. 将不良行为投射在其他人身上，而且声称这样做是为了逃避自身责任

    f. 在意识到想要得到自己心仪的东西非常困难时，就运用酸葡萄心理，声称自己并不想要

    g. 认为自己与杰出人才是一样的，而且不切实际地认为自己拥有这些人才的能力和才能

    h. 移情：将过去生活中影响你至深的人与现在喜欢的人混淆，认为现在的这个人也会像以前的那些人一样对待你

    i. 反向形成：对人表达的情感（例如爱）与内心情感刚好相反（例如恨）

23. 不合理性归因

    a. 人际敏感

    b. 错误猜测他人的行为动机

    c. 错误地认为别人对自己有特别企图

    d. 因为某人周围团体中的人往往有某些特质或想法，认为此人也是如此

24. 与记忆有关的不合理性

    a. 迅速遗忘痛苦经历，不能形成经验教训以避免重蹈覆辙

    b. 掩盖事实真相，造谣生事

    c. 目光短浅，只看到眼前利益或优势，不能对未来形成预见

    d. 为逃避责任或不让自己感到羞耻，无意识地遗忘重要的事情

    e. 对某些事情记得太清楚，影响了其他的思考和行动

25. 不合理性绝对化要求

    a. 要求是人就必须在某方面达成一定的目标

    b. 要求人必须获得一些特殊他人的认可和爱

    c. 要求人必须在所有方面都表现完美或要求赢得所有人的赞美

    d. 要求他人必须对自己公平、公正、体谅、亲切

    e. 要求所有人必须对自己绝对地公平、公正、体谅、亲切

    f. 要求生活顺利，可以不付出足够的努力自己就应该快速地得到一切想要的东西

    g. 要求自己必须一直开朗快乐，没有忧愁

26. 与性有关的不合理性

    a. 认为性行为的本质是肮脏、邪恶、不道德的

    b. 认为如果不是与相爱的人或婚姻伴侣一起发生性行为，那就绝对是不好的或不道德的，否则只能保持非性关系

    c. 认为性高潮是衡量性生活质量的标准，如果没有性高潮意味着性生活是不快乐或不正常的

    d. 认为双方的彼此交融是非常神圣的，性高潮应该在阴道性交时来临

    e. 认为性能力是非常重要的，如果性无能将失去做人的价值

    f. 认为高质量性生活必须双方同时性高潮

    g. 认为自慰和抚摸性器官是可耻的，是不正常的性生活

    h. 与女性相比，认为男人可以有异常的或受到较少约束的性行为，男人风流很正常

    i. 认为性能力是自发的且很容易产生，是不需要经过学习与练习的

    j. 认为女性天生对性缺乏兴趣，总是处于被动状态，性能力和技巧较差

    k. 认为心里有爱的人对其他人不会产生性欲望

27. 与科学有关的不合理性

    a. 相信科学可以解决一切人类问题

    b. 认为只有高级的知识才能产生有效的解决方法

    c. 认为所有的科技发明和进步对人类都是有益的

    d. 因为遵循逻辑的实证方法并不是万能的，不能完美地解决所有的问题并且具有自身局限性，就认为它是收效甚微的甚至是毫无用处的

    e. 因为科学观察具有不可预料性，所以认为逻辑实证方法没有效度

    f. 曾经一些基于人类想象的假设被科学证实了（例如相对论），就认为其他的假设也可以被证实（例如上帝和灵魂确实存在）

    g. 认为某科学家在其领域中是权威代表人物（例如爱因斯坦在物理学界），就认为他在其他领域也应该被视作权威

    h. 对高效、专业、受训良好的科学家们具有强烈的偏见，认为他们都会在其科学研究的某些方面有些可笑的习惯，生活自理能力差

    i. 认为社会科学家，例如临床心理学家、精神病医生、社工、法律顾问和牧师，在个人生活及工作中都表现得有违初衷和不够科学

    这份人类需要摒弃的不合理性的清单，主要涵盖了259项破坏人们生活幸福的不合理信念或行为，但这些并没有将人类所有的不合理性都呈现出来。其中有些是公认的，也存在部分重叠。我所列举的条目，也仅仅是一个大致的框架，每一条目之下都下属大量的不合理性内容。例如第1项h条目与求婚、结婚和婚礼有关的风俗，我们可以轻而易举地想到其中大量的可笑行为，很多行为是旧时代的产物，但至今仍在流传。

    很令人难过的是，心理治疗就是比较典型的例子。在第27项i条目中已经简明扼要地阐述过"认为社会科学家，例如临床心理学家、精神病医生、社工、法律顾问和牧师，在个人生活及工作中都表现得有违初衷和不够科学"，这简直有些难以启齿！因为，心理治疗师们都怀着很强烈的愿望，都在努力帮助来访者最大限度地减少或克服其不合理性，自我挫败信念、情感和行为，这是心理治疗会发生作用的重要假设。事实告诉人们真相。很多心理治疗师自身就有数不清的不合理信念，很多治疗师还会主动做些可能会强化来访者不合理性的不科学行为。

以下我会列举少数心理治疗"帮助者"们存在的不合理性：

1. 他们没有采取一种综合性的、多元的治疗视角和方法，没有遵循认知—情感—行为这样的方式进行治疗，反而崇尚迷信，像强迫症一样过分强调笼统的方法，例如意识化、向内寻求、情绪宣泄、尝试理解自己的过去、尝试理解自身的感受、合理化或者身体放松。

2. 他们强烈渴望被来访者认同，总是把来访者捆绑在过度依赖治疗师的关系中。

3. 他们不会为牵强附会的推理寻找科学的、实证的证据，那些推理通常很少与实际数据有关。

4. 他们更喜欢让来访者感觉好一些，而不是帮助来访者让他们知道为何会导致现在的情绪问题，在未来可以采取何种方法避免再次发生这种情况。

5. 他们对自己的治疗体系和技术忠贞不贰，认为只有自己的这一套才能帮助来访者，拒绝接受其他的治疗体系和技术。

6. 他们宣扬治疗的正统观念，排斥异己。

7. 他们强调早期影响的作用，并假设如果一个人痛恨母亲，后来又痛恨女性，是因为早期的情感体验影响了现在的情感体验。

8. 他们忽视行为的生理基础，认为所有出现的问题或症状一定存在某个特定的刺激性情境或原因，更过分的是，他们竟然认为一旦人们发现了自己的这个"特定原因"所有的症状和问题就不治而愈了。

9. 他们喜欢为症状和问题寻找（和"发现"）独一无二的、彰显智慧的、"深刻"的解释，避免所有明显的、"肤浅的"但却真实的解释。

10. 他们不是对有些来访者宣称需要无休止的治疗，就是虚构存在简单、快速、神奇见效的治疗。

11. 他们越来越多地使用魔幻、信念治疗、占星术、塔罗牌等，以及其他那些不科学的"超个人"心理疗法。

12. 他们总是制订不具体的、过于理想化的治疗目标，这些都会误导并对来访者造成危害。

13. 他们不理性地、不科学地攻击实证取向的治疗师。

14. 他们神化了情感的作用，并虚构了情感、原因二元论。

以上列举并不详尽，如果我想再继续列举，非常容易就可以再多列举两三倍。在此我必须要重申：在以上人类主要不合理性列表中所列举出的所有条目及其下属小条目，都可以进行更加细致的分类；而且，每一个条目都有基于观察和实证的大量现实证据。例如，我们都了解有数不尽的人暴饮暴食、拖延症、思维刻板、因嗜赌成性损失大量金钱、迷信占星术，而且始终无法克服这些不合理行为。另外，还有很多实例，例如，人们总是偏爱自己喜欢的人、戒掉暴饮暴食以后又复发、追求一时享乐不做长远打算、压抑令人感到难堪的记忆、频繁地投射，以及受同伴舆论和权威人物的暗示性影响十分之大。

我们知道不合理性是可以被克服的，那么是否仍旧可以认为不合理性是有生物学基础的，是人类的天然本质呢？答案是肯定的，以下论述可以证明此点。

1. 看起来所有人都有这样或那样的不合理性。但是，每个人持有的不合理信念数量绝对是不等的。就整体而言，相对其他人来说，有些人确实持有更少的不合理信念。但是你能找到一个人完全没有任何不合理信念吗？可以做个实验，我们就以不合理列表的前十项条目作为衡量标准，你发现有谁能不顾世俗地不盲目遵从一些愚蠢的风俗习惯吗？能不对自己做整体、全面的评价；能没有任何歧视或偏见；能没有任何不合理思维；能够认识到自己的强烈情感并不一定代表某些客观存在的现实；没有形成自我挫败的倾向；没有任何不良嗜好；没有任何神经症或精神症状；从不为教义做任何自我牺牲；不屈从任何所谓的健康却愚蠢的习惯？有这样一个人吗？

2. 现今所有的人类不合理性，其实几乎在所有社会和文化中都曾经存在，历史学和人类学早有所研究。虽然从各种规范、法律和准则来看，这些不合理性信念可能多种多样，但是在欺骗性、专制性、教条主义、宗教狂热以及绝对化要求等特征方面，其本质特征是极其相似的。在西方，你的父母和你所处的文化建议或教育你要穿着某种类型的服饰，而在南海群岛上，又是其他风格的服饰比较受欢迎。但这只是形式不同，其本质都是教育你："你的穿着打扮必须适当得体，符合大众的审美，只有这样才能被人喜欢，别人才会接受你。"慢慢地，你将父母或文化的教育内化升级成为"我必须穿着得体因为我一定要得到别人的认可。我绝不能容忍被拒绝和不被喜欢。如果别人不喜欢我的行为就说明他们也不喜欢我，认为我是不好的！"的确，父母和老师可能曾经这样教育你，让你的行为方式有些绝对化和自我挫败倾向，但是更重要的是，人们好像天生有这些倾向①轻易就很看重这些方面；②一辈子都相信这些荒谬的信念；③即使父母和老师没有这样教育过你，你自己也会虚构出这些想法。

3. 看起来大多数不合理性都是父母、同辈和大众媒体教导的结果。然而，几乎没有父母会鼓励孩子过分概括化、违背实证内容、支持自相矛盾的说法，可是孩子们还是喜欢这么做。在教育中你明白了，学习、遗忘、复习，但是你在很多方面却无法让自己按照这个规律行事。很多人力劝你戒掉毫无意义又会造成自我挫败的不良习惯，例如暴饮暴食和吸烟。但是，你好像本能地抵触这些劝诫。表面上看来，你确实为了克服焦虑或抑郁倾向常年坚持心理治疗。但是，睁开眼看看这些年来你取得的微不足道的进展吧！

你的父母可能对宗教持有怀疑和反对的态度。然而，你在成年之后仍然可能具有坚定的宗教信仰。上学时你了解到要定期检查身体，看牙医。但是你遵循这些教导，定期检查了吗？广泛阅读生命本质的内容真的能让你变成一个乐观的人或者幻想主义者又或是能让你克服过度悲观主义吗？数以千计的书籍、电影充分展示了战争、暴乱、恐怖主义以及极度种族主义的不公正性。但是这些可曾减少你对这类政治不合理性的强烈反对呢？

事实上，没有人教育你拖延，也没有人让你回避现实。危险的兴奋追求也绝少会得到他人的认可。但是这些可曾让你不再沉迷其中呢？绝大多数的科学家都反对魔幻主义、模糊不清、绝对化和虔诚信奉的思维。平时，你会注意这些吗？你很清楚应该遵守的道德伦理，同时几乎所有你认识的人都要求你遵守这些道德伦理。但是你真的做到了吗？意志品质低、贪图一时享乐大概不是长辈、老师、牧师，甚至你喜欢的作者乐于见到的吧。但是他们的不喜欢可曾让你不再因贪一时之欢而放弃长远利益？有人教育你要使用合理化防御机制，并且在你使用这种防御机制的时候予以强化吗？你的治疗师、朋友或父母赞同你的其他防御机制吗？他们总是反对阻止你这样做吧，但是这些有用吗？生活中存在这样一个人吗，在你要求自我或他人完美的时候就奖励你，在你哀怨着、呻吟着要求生活一定要顺遂心意的时候奖励你？

诚然，的确有相当一部分不合理性包含很重的社会成分，或者被社会群体鼓励和强化了，但是，还有很多不合理性都是被社会教育反对和不允许的，然而这些不合理性仍旧普遍存在。

4. 正如前文所述，不只那些看起来愚蠢、笨拙、被不合理性严重影响了生活的人会出现上述不合理性，那些受过高等教育、聪慧的，受不合理性影响很轻的人也会表现出上述不合理性。例如，物理学和心理学的博士们，也有种族主义或其他方面的歧视，愿望式思维，以自身感受或经验为依据判断客观现实存在，各种不良嗜好（包括嗜酒），债务缠身，必定要得到他人认同的想法，相信祈祷，散播谣言后自己深信不疑。特别聪明的、受过良好教育的人可能比普通大众的不合理性少，但他们绝不是合理行为的专有者。

5. 太多人持有极度不合理信念，有太多的自我挫败行为，因此我们只能认为人本就如此。如果说人是通过后天学习才让自己变成这样，那么就存在有一个非常明显的问题：为何人们允许文化把自己变成这样呢，如果说大家都是在小时候习得的这些行为，为什么长大以后不放弃这些愚蠢的做法呢？我们每个人几乎都从父母、小时候的同伴团体之中熏染了很多明显的政治、社会以及宗教的观念，但是大部分这些观念在我们长大以后都遭到了遗弃。当我们上了大学阅读到那些真正经得起推敲的著作时，我们抛弃了小时候的想法，当然也可能我们变成了对所有观念都不反对的老好人。为什么我们不可以有这些愚蠢的、不切实际的，明显会对我们造成影响的想法呢？

我们可以通过以下例子来回答这个问题，因为这些信念是不理智的，会导致不良结果：①"如果我小时候，姐姐欺负我，那么以后我就会认为所有女人都是危险的，我应该远离她们。"②"要是我在一些方面不具备竞争力，比如学业，那么我将被认为是一个没有价值的，不配拥有幸福的人。"③"你对我不公正，但这是不应该的，所以，以后你需要改正对待我的方式，对我好一些。"④"我太喜欢吸烟了，根本没办法戒；虽然很多人吸烟的下场很凄惨，但是我觉得不会对自己有什么影响。"⑤"黑人比白人被捕、犯罪率高，因此黑人被认为是不道德的种族，我最好别跟黑人有任何关系。"⑥"如果说造成情绪困扰的重要原因是生理和遗传因素，那么我们只能眼睁睁看着那些被情绪困扰的人痛苦，让他们在绝望中挣扎而毫无办法。"

所有这些不合理陈述都是几乎没有任何理性的，并且会对社会和个人造成极大影响。但是，我们还是很坚定地抱持着这些不合理信念。即使能够证明很大一部分不合理信念是社会学习导致的，但是为什么我们会那么容易吸收这些信念，并且一直都坚定不移地这样想和这样做呢？很显然，是因为我们本身就具有这种生物倾向。

6. 往往，那些聪慧有才能的人放弃一个不合理性的同时又会产生新的不合理性，或投入此不合理性另一极端的怀抱。虔诚的宗教信仰者往往变成绝对的无神论者。政治右翼极度分子摇摆成为政治左翼极端分子。患有拖延症的人可能变成极易冲动的人。克服了某一不合理恐惧症的人，又产生新的与之前完全不同的恐惧。极端倾向好像是人的天性，只是每个人的极端表现形式不同。

7. 就算是受到不合理信念和行为伤害最小的人，也会身陷其中，甚至有时还会无法自拔。从来不对别人发火的男人有时也会气愤得想要杀人。几乎不害怕学习任何困难事物，接受任何复杂考试的女人可能也会无法接受工作面试失败，无法忍受找不到适合自己的位置。一个可以非常冷静理智教导来访者如何理性行事的治疗师，可能在某一个来访者固执地坚持自己不合理性的时候，也会不理性地想再也不要在治疗中见到这个来访者了。与此类似，很多特殊情境可能让心智正常的人也做出愚蠢的行为。这些人之所以在特殊情境下产生愚蠢行为是因为在压力情境下人会有一些基本的反应倾向，而这些反应倾向无疑是受到相当程度的生物因素的影响。

8. 各种不合理性的强烈反对者们往往就是不合理性的牺牲品。不可知论者倒向虔诚信仰、绝对主义思想和情感之中。虔诚宗教信奉者做出严重违背道德的行为。认为不存在自责和挫败的心理治疗师们感到了愧疚和自我挫败。

9. 认识或者发现自身的不合理行为对自我改变帮助甚微，甚至没有丝毫作用。你非常清楚吸烟的害处，但是你可能会比以往吸得更多！也许你可以意识到自己憎恶性生活是因为小时候父母曾经非常严肃地告诫你这是不好的，但是即便你明晰了原因仍旧无法改变自己讨厌它的情况。在理智层面，你可能非常了解自己过于以自我为中心，但是在情感层面，你没有改变自我的动力。出现这种情况，是因为人们头脑中总是同时存在一对矛盾的思想观念：一方面是理智层面的，它偶尔会出现，程度通常也是比较轻微的；另一个是情感层面的，它持续出现，程度通常是比较强烈的，也是这个观念导致了上述情况的产生。这种重复地同时在头脑中存在一对矛盾观念的情况，也是人类的基本倾向。

10. 无论人们多么努力、多么坚持地克服不合理信念和行为，总会发现克服它特别困难或者说彻底消灭它格外艰难，从某种程度上来讲，其实人在这方面一直都是失败的。我们可以说这是因为习得自我挫败行为时你还太小，所以造成修复的过程特别艰辛。倒不如说更合理的解释是，人们在早年接受如此不合理的行为，这种行为倾向本身就说明了，克服不合理性总是失败的原因在于，不合理性是人的天性，是本能倾向！当然，这不是人的唯一天性！

11. 看起来有一些不合理信念源于比较个人的原因、没有人教过的（甚至有些还跟受到的教育刚好是相反的），是我们别出心裁、疯狂地自我杜撰出来的。比如，你与某人相爱了，强烈地感觉并"认为"跟他会天长地久，你向对方告白"我爱你，永世不渝！"天长地久，这是你肯定没有学过的，因为你不只阅读过罗密欧与朱丽叶的故事还有很多其他类似的爱情故事，你还知道离婚统计数据是多少，这些信息都告诉你，人不可能永远相互爱慕。这个"认为"与你真正了解的信息和知识体系是不相符的。而人们总是对浪漫之事有这样的错觉是源于本能的不合理信念——"因为我对你的感觉如此真实而强烈，所以我知道这种感觉一定会天长地久。"从很大程度上说，你摒弃了现实转而专注于自我感受，因而你虚构了这个基于你自身真实感受（极大可能是很短暂的）而产生的不合理的"知道"。

　　比如，你曾被培养成为犹太教徒或穆斯林，之后你转而信奉基督教，你认为"我能感觉到耶稣是我的救世主，我能感受到他的存在，他是上帝之子。"这种感觉是你的经历或是你曾经受过的教育而导致的吗？还是你出于各种各样的原因自己虚构出来的？人的这种自然倾向看起来是由情感推理导致（强烈的情绪感受则证明事物真实存在），而这个过程更像是一种本能。

12. 如果你认真研究典型的不合理信念，你就能够发现一些不合理信念的构成特点。通常不合理信念以真实的或理性的可察觉事实为开头，但是却以不符合逻辑的推理或总结为结尾。比如，你以这样的话作为开头"如果简能够爱我，我会很快乐，会有很多收获。"但是之后你会错误地进行推理或总结"所以说，她一定要爱我，如果我发现她不爱我，我就会感到极度的痛苦。"如果你以更加强烈的符合逻辑的事实开头"如果简能够爱我，我会感到特别地快乐，仿佛我是世界上最快乐的人。"那么你可能更会这样总结"所以她必须要爱我！"但是，无论开头的部分有多么正确，后面的部分也是不符合逻辑的，是不合理的。

你可能做出很多类似的错误推理，如"因为我发现这份订单很吸引人，所以我一定要得到它。""因为我觉得失败让人感觉不好，所以①我绝不能失败。②失败不是我的错，都是他我才失败的。③也许我没有真的失败。""戒烟对我来说实在太难了，我没办法戒烟。"所有这些不合理的推论，都基于自我中心、夸大思维——你内心存在一个简单的要求，即你需要的都应该存在，不喜欢的统统不见。这类自我中心式的思维很大程度上是本能的。

13. 大多数不合理信念都源于过度概括化，正如阿尔弗雷德·科泽斯基及其追随者所表述的那样，过度概括化情况很普遍（虽然是不合理的），似乎是人类的本性之一。比如，你总是会用合理的开头"我这次考试没考好。"但是之后你将此事过度概括化"我以后也不会考好了，我根本没有考好的能力。"或许，你开始会这样说"他们有时候对我不是很公平。"过度概括化，"他们总是不公正对待我，我再也忍受不了他们了！"这再一次证明了不合理思维就是普通人的思维方式。皮亚杰认为儿童七八岁以前都不具备良好的判断能力。但是，如果从这个角度来看，成人似乎永远都不具备这种能力！

14. 人类思维不只受到智力水平的影响，同时也会受到左脑或右脑功能的影响。不论是智力还是左右脑功能都强烈受到遗传因素的影响，很少受后天学习的影响。

15. 一些不合理性在某些低等动物身上也有发现，例如意志品质低，寻求即时满足不顾长远利益。安斯利回顾了即时满足的文献，认为无论人类还是动物在满足延迟时，奖励的有效性都会下降。这无疑又是生理和遗传因素的一项有力证明。

16. 你会发现我们天生具有自我挫败倾向，因为你很难让自己不感觉到挫败。例如，很多人都会暴饮暴食，却无法坚持理性的节食。人们很容易从同伴那里获得恶习，例如吸烟，可是如果同辈或者长辈教育他们戒烟或者教育他们懂事自律，人们很容易心生抵触！人们很容易接受对黑人、基督徒、天主教徒、亚洲人的偏见，却很少留意关于宽容和公平的教导。人们很容易就陷入各种负面情绪之中，焦虑、抑郁、仇恨、自我挫败，却需要花费大量的时间和努力才能够摆脱它们。也许人们并非命中注定一生要过愚蠢、不理智的生活，但也差不多了！

总结

如果我们将不合理性定义为引起自我挫败、自我伤害或严重影响个人生存和幸福感的信念、情感或行为，那么我们就会发现数以百计的不合理性存在于每一个人身上。不合理性的存在不受到人们意识层面认识的影响：①很多不合理性与人们受到的教育格格不入；即使是那些聪慧的、受过良好教育的人身上也会存在不合理性，即使是那些受到不合理性影响程度最小的人身上也不可能完全摒除它。②当人们克服了某一不合理性，往往它又以别的形式出现了，很多时候刚好就是之前被克服的不合理性的反面。③就算人们遵循原则极尽努力地克服它，但是在练习过程中它仍会出现；发现自身不合理性或找到不合理性的存在原因不能克服它。④很多不合理性都源于人们自我中心式的虚幻想法；人总是有容易出错、过度概括化、愿望式思维、轻信、偏见和短视的倾向。⑤它们至少有一部分是与生理、遗传有关的，是人类的本性。

至今为止，我们依然不能确定不合理性就是人类的天性，但是对于这个结论其实已经有太多的证据了。当然，人类的行为本身也具备合理性和自我实现性。否则，人类将无法生存。但是，人类行为本身也具备不合理性，人们总是很容易行事违心。从某种程度上来讲，我们可以说，是因为人的早期经历或后天教育导致了人的自我挫败倾向。但是，我们又何尝不可以说，是人自己进行的选择，选择了听从、接受这样非人性化的教育，更严重的是，不只接受而且还终身坚信，并用一生去实践这些看上去就很可笑、很不科学的教导呢？

参考文献

以下所列是我在撰写本书时主要借鉴的参考文献，也包括一些其他的理性情绪行为疗法（REBT）和认知行为疗法（CBT）的材料，借此帮助那些希望进行自助的读者们。在这些材料中，有相当一部分理性情绪行为疗法的材料在埃利斯研究所都是免费的，其中包括为公众和专业心理工作者准备的文献和工作坊，这些材料每六个月都会进行一次更新。如果你需要这些材料的副本，可以将地址邮寄到埃利斯研究所（45 East 65th Street, New York, NY 10021）；电话：（212）535-0822；E-mail:info@rebt.org。

Bandura, A. (1977). *Self-efficacy: The exercise of control.* New York: Freeman.

Beal, D., Kopec, A., & DiGiuseppe, R. (1996). *Disputing clients' irrational beliefs.* In manuscript.

Beck, A. T. (1976). *Cognitive therapy and the emotional disorders.* New York: New American Library.

Beck, J. S. (1995). *Cognitive therapy: Basics and beyond.* New York: Guilford.

Benson, H. (1975). *The relaxation response.* New York: Morrow.

Chase, S. (1964). *The tyranny of words.* New York: Harcourt Brace Jovanovich.

Cohen, E. D. (1992). *Caution: Faulty thinking can be harmful to your happiness.* Fort Pierce, FL: Trace-WilCo Publishers.

———. (2003). *What would Aristotle do?* Amherst, NY: Prometheus Books.

Dawkin, R. (1976). *The selfish gene.* New York: Oxford University Press.

DiGiuseppe, R. (1986). The implication of the philosophy of science for rational-emotive theory and therapy. *Psychotherapy, 23,* 634–639.

————, Leaf, R., & Linscott, J. (1993). The therapeutic relationship in rational-emotive therapy: A preliminary analysis. *Journal of Rational-Emotive and Cognitive-Behavior Therapy, 4,* 223–233.

————, & Muran, J. C. (1992). The use of metaphor in rational-emotive psychotherapy. *Psychotherapy in Private Practice, 10,* 151-165.

Dryden, W. (1990). *Dealing with anger problems: Rational-emotive therapeutic interventions.* Sarasota, FL: Professional Resource Exchange.

————. (1995). *Brief rational emotive behavior therapy.* London: Wiley.

————. (1998). *Developing self-acceptance.* Chichester, England: Wiley.

————, DiGiuseppe, R., & Neenan, M. (2003). *A primer on rational emotive behavior therapy.* Lafayette, IL: Research Press.

————, & Ellis, A. (2003). *Albert Ellis live.* London: Sage Publications.

————, & Gordon, J. (1991). *Think your way to happiness.* London: Sheldon Press.

————, & Neenan, M. (2003). *The rational emotive behavioral approach to therapeutic change.* London: Sage.

————, Walker, J., & Ellis, A. (1996). *REBT self-help form.* New York: Albert Ellis Institute.

Ellis, A. (1954). *The American sexual tragedy.* New York: Twayne.

————. (1958). Rational psychotherapy. *Journal of General Psychology, 59,* 35–49. Reprinted: New York: Albert Ellis Institute.

————. (1962). *Reason and emotion in psychotherapy.* Secaucus, NJ: Citadel.

————. (1975). *A garland of rational humorous songs.* New York: Albert Ellis Institute.

————. (1976). The biological basis of human irrationality. *Journal of Individual Psychology*, *32*, 145–168. Reprinted: New York: Albert Ellis Institute.

———. (1984). *A guide to personal happiness*. North Hollywood, CA: Wilshire Books.

———. (1992). *Unconditionally accepting yourself and others*. Cassette recording. New York: Albert Ellis Institute.

———. (1999). *How to make yourself happy and remarkably less disturbable*. Atascadero, CA: Impact Publishers.

———. (2000a). *Feeling better, getting better, and staying better*. Atascadero, CA: Impact Publishers.

———. (2000b). *How to control your anxiety before it controls you*. New York: Citadel Press.

———. (2000c). Spiritual goals and spirited values in psychotherapy. *Journal of Individual Psychology*, *56*, 277–284.

———. (2001). *Overcoming destructive beliefs, feelings, and behaviors*. Amherst, NY: Prometheus Books.

———. (2002a). *Overcoming resistance: A rational emotive behavior therapy integrative approach*. New York: Springer.

———. (2002b). Idiosyncratic REBT. In W. Dryden (Ed.), *Idiosyncratic REBT* (pp. 15–29). Russon-Wye, England: PCCB Books.

———. (2003a). *Anger: How to live with and without it*. Rev. ed. New York: Citadel Press.

———. (2003b). *Ask Albert Ellis*. Atascadero, CA: Impact Publishers.

———. (2003c) General semantics and rational emotive behavior therapy. In I. Caro & C. S. Read (Eds.), *General semantics in psychotherapy* (pp. 297–323). Brooklyn, NY: Institute for General Semantics.

———. (2004a). *Rational emotive behavior therapy: It works for me—it can work for you*. Amherst, NY: Prometheus Books.

———. (2004b). *The road to tolerance: The philosophy of rational emotive behavior therapy*. Amherst, NY: Prometheus Books.

———. (2005). Rational emotive behavior therapy. In R. J. Corsini & D. Widding (Eds.), *Current psychotherapies*. Belmont, CA: Thompson.

———, & Blau, S. (Eds.). (1998). *The Albert Ellis reader*. New York:

Kensington Publishers.

Epictetus. (1890). *The works of Epictetus.* Boston: Little Brown, 1899.

Epicurus. (1996). *A guide to happiness.* London: Orion Books.

Fisher, R., Ury, W., & Patton, B. (1991). *Getting to yes.* 2nd ed. New York: Penguin Books.

Flett, G. L., & Hewitt, P. L. (2002). *Perfectionism: Theory research and training.* Washington, DC: American Psychological Association.

Frankl, V. (1960). *Man's search for meaning.* New York: Pocket Books.

Frazer, J. G. (1959). *The golden bough.* New York: Macmillan.

Freud, A. (1946). *The ego and the mechanics of defense.* London: Hogarth.

Freud, S. (1938). *Basic writings.* New York: Modern Library.

Froggatt, W. (1993). *Choose to be happy.* New Zealand: HarperCollins.

Fromm, E. (1955). *The sane society.* New York: Rinehart.

Hallowell, E. M. (1997). *Worry: Controlling it and using it wisely.* New York: Pantheon.

Hauck, P. A. (1991). *Overcoming the rating game: Beyond self-love—beyond self-esteem.* Louisville, KY: Westminster/John Knox.

Hayes, S. C., Strosahl, K., & Wilson, K. G. (1999). *Acceptance and commitment therapy.* New York: Guilford.

Hoffer, E. (1951). *The true believer.* New York: Harper & Row.

Jacobson, E. (1938). *You must relax.* New York: McGraw-Hill.

Kelly, G. (1955). *The psychology of personal constructs.* New York: Norton.

Korzybski, A. (1933/1990). *Science and sanity.* Concord, CA: International Society for General Semantics.

Leifer, R. (1997). *The happiness project.* Ithaca, NY: Snow Lion Publications.

———. (1999, March). Buddhist conceptualization and treatment of anger. *Journal of Clinical Psychology, In Session, 55,* 340–351.

Maultsby, M.C., Jr. (1971). Rational emotive imagery. *Rational Living, 6*(1), 24–27.

———. (1984). *Rational emotive therapy.* Englewood Cliffs, NJ: Prentice-Hall.

Meichenbaum, D. (1992). Evolution of cognitive behavior therapy: Origins, tenets, and clinical examples. In J. K. Zeig (Ed.), *The evolution of psychotherapy: The second conference* (pp. 114–128). New York: Brunner/Mazel.

Niebuhr, R. See Pietsch, W. V.

Padesky, C. A., & Beck, A. T. (2001). Science and philosophy: Comparison of cognitive therapy and rational emotive behavior therapy. *Journal of Cognitive Therapy, 17,* 211–224.

Pavlov, I. P. (1927). *Conditional reflexes.* New York: Limelight.

Peale, N. V. (1952). *The power of positive thinking.* New York: Fawcett.

Pietsch, W. V. (1993). *The serenity prayer.* San Francisco: Harper San Francisco.

Popper, K. R. (1962). *Objective knowledge.* London: Oxford.

———. (1985). *Popper selections.* Ed. by David Miller. Princeton, NJ: Princeton University Press.

Rogers, C. (1961). *On becoming a person.* Boston: Houghton Mifflin.

Rokeach, M. (1960). *The open and closed mind.* New York: Basic Books.

Skinner, B. F. (1971). *Beyond freedom and dignity.* New York: Knopf.

Walen, S., DiGiuseppe, R., & Dryden, W. (1992). *A practitioner's guide to rational-emotive therapy.* New York: Oxford.

Watson, J. B. (1919). *Psychology from the standpoint of a behaviorist.* Philadelphia: Lippincott.

埃利斯 · 理性情绪

《我的情绪为何总被他人左右》

作者：[美] 阿尔伯特·埃利斯 阿瑟·兰格 译者：张蕾芳

心理学大师埃利斯百年诞辰纪念版，超越弗洛伊德的著名心理学家，理性情绪行为疗法之父，认知行为疗法的鼻祖埃利斯经典作品。
本书提供了一套非常具体的技巧，教你在他人或某件事操纵你的情绪时，如何避免情绪爆发，成为自己情绪的主人，成功赢得生活的主导权。

《控制焦虑》

作者：[美] 阿尔伯特·埃利斯 译者：李卫娟

如果你承认，并非事情本身使你感到焦虑，而是你对事情的想法导致了焦虑，那么你就可以阻止焦虑感的发展，因为控制自己不切实际的想法，远比控制其他任何事情要简单得多。
如果你想与焦虑和平共处，把焦虑控制在健康而有益的水平，而非让焦虑控制自己，阻碍通往幸福之路，请翻开这本书吧。

《控制愤怒》

作者：[美] 阿尔伯特·埃利斯 雷蒙德·奇普·塔夫瑞特 译者：林旭文

本书从案例入手（平均一节有两个案例），让我们重新认识愤怒对我们的人生造成的伤害，消除这种不必要的负面情绪所带来的伤害，并且手把手教读者通过改变信念，改造我们的情绪。

《理性情绪》

作者：[美] 阿尔伯特·埃利斯 译者：李巍 张丽

传统的认知疗法强调三种哲学，那就是：感觉更好，变得更好，保持得更好。但是埃利斯强调自己的哲学基础是：无条件接受自己，无条件接受他人，无条件接受生活。他认为改变如果不建立在哲学的基础上，而仅仅是效果上，则无法撼动人痛苦的根本。而承认人的局限，并接受这些局限，伤害就不存在了。

《拆除你的情绪地雷》

作者：[美] 阿尔伯特·埃利斯 译者：赵菁

这本操作性极强的手册为你提供了简单、直接的方法和实用的智慧，让你的生活更快乐，负面情绪更少。
在这本著作中，埃利斯博士分享了大量真实案例，详细介绍了如何进行心理自助治疗。本书睿智、明快的写作风格让你的阅读既充满乐趣，也不乏启迪。
打开这本书，让负面情绪一扫而光！

更多>>>　《无条件接纳自己》 作者：[美] 阿尔伯特·埃利斯
　　　　　《理性生活指南（原书第3版）》 作者：[美] 阿尔伯特·埃利斯 罗伯特·A.哈珀